# 考古學概論

INTRODUCTION TO ARCHAEOLOGY

陳有貝 著

# 自序

　　對於考古學這門學科,一般是將它的組成區分為理論方法、手段技術,及研究成果等三大項。理論方法是知識的形成基礎,在大學教育中通常放在「考古學史」的課程中;手段技術為資料產出過程所必需,通常屬於「考古田野方法實習」課程。本書主要著重在這兩個領域,希望作為認識考古學的一本入門書籍。

　　至於研究成果,校園教育中則有如「史前史」課程,但其內容會因區域對象而不同,各學派的論述重點也有異,有興趣者可另尋參考[1]。

　　本書的前半(第一篇:第一章～第七章)之標題雖名為「考古學的理論與方法」,實則也納入了獲取考古資料的「手段與技術」。這是因為後者的原理基礎來自前者;前者也隨著後者的提升而不斷更新。換言之,兩者相關緊密,足以一併認識。

　　本書的後半(第二篇:第八章～第十三章)是「考古學與我們的社會」,主要敘述考古學對於當代人與社會的意義,其中涉及了環境、法律、思想意識等議題。相對於第一篇屬客觀性的知識介紹,第二篇有部分難免涉及些個人觀點,尚請讀者參考。

　　學術研究本來是不該有「教科書」、「標準版」的概念,只因「考古學」在今日社會已經不是個陌生名詞,然而相關基礎書籍在

---

[1] 對台灣議題的考古研究成果有興趣的讀者,亦可參考拙著《山林裡的南島語族:台灣原住民族群的形成論》(陳有貝 2022)。

台灣卻仍出奇的少,所以才勉強整理出版了此本概論。希望讀者在看過這些基本知識後,每個人都可以開創出自己的「考古學」。

# 目錄

自序 ................................................................ i

## 第一篇　考古學的理論與方法

第一章　考古學的學術領域 ........................................ 3
第二章　考古學的發展史 .......................................... 15
第三章　考古學的資料 ............................................ 37
第四章　考古調查與發掘 .......................................... 69
第五章　基本研究方法1：層位學與類型學 ........................... 91
第六章　基本研究方法2：分類與統計 ............................... 113
第七章　基本研究方法3：從器物、資料到人與文化 ................... 127

## 第二篇　考古學與我們的社會

第八章　　考古研究的社會意義 .................................... 155
第九章　　遺物、遺址與社會 ...................................... 165
第十章　　考古遺址的法律 ........................................ 171
第十一章　遺址保存的問題與對策 .................................. 179
第十二章　遺址所有權與考古工作倫理 .............................. 189
第十三章　口傳、神話、民族史與考古學 ............................ 199

後記 ................................................................ 207
引用書目 ............................................................ 209

# 圖表目錄

## 圖片

| | | |
|---|---|---|
| 圖 1-1 | 考古學領域的範圍 | 6 |
| 圖 1-2 | 考古學定義的基本要項 | 7 |
| 圖 1-3 | 考古學的知識定位 | 8 |
| 圖 1-4 | 一種考古學研究的過程 | 10 |
| 圖 1-5 | 考古學的構成 | 11 |
| 圖 1-6 | 考古探坑的發掘 | 13 |
| 圖 2-1 | 考古學科的起源 | 16 |
| 圖 2-2 | 新考古學的重要主張 | 19 |
| 圖 2-3 | 台灣考古學開始的標誌地：芝山岩遺址 | 24 |
| 圖 2-4 | 今日的國立台灣博物館 | 25 |
| 圖 2-5 | 鹿野忠雄提出的台灣史前文化來源 | 27 |
| 圖 2-6 | 1980年代陳列在台大人類學系標本室的台灣史前文化層序表（改圖繪） | 29 |
| 圖 2-7 | 考古人員協助民眾解決房屋改建遇到的遺址問題 | 32 |
| 圖 2-8 | 地方博物館與考古隊是未來方向（花蓮縣考古博物館） | 34 |
| 圖 2-9 | 小型鄉土博物館才能結合在地文化（台南隆田） | 35 |
| 圖 3-1 | 古代聚落型的遺址（巴蘭遺址） | 38 |
| 圖 3-2 | 沙丘遺址的發掘（龍門舊社遺址） | 39 |
| 圖 3-3 | 考古遺留的四個類別 | 41 |
| 圖 3-4 | 有著明確外形的石器 | 42 |
| 圖 3-5 | 有著連續打擊痕特徵的偏鋒砍器 | 43 |
| 圖 3-6 | 沒有特定外形的石器（石錘與磨石） | 43 |
| 圖 3-7 | 打製法、磨製法、管狀旋截法、螺旋鑽法 | 44 |

| 圖 3-8 | 泥條盤築法與原住民的製陶（照片：台灣大學人類學博物館提供） | 46 |
| --- | --- | --- |
| 圖 3-9 | 陶器製造的工序 | 47 |
| 圖 3-10 | 很富風格個性的紋飾表現（人紋與蛇紋） | 48 |
| 圖 3-11 | 動物陶偶（國立台灣史前文化博物館） | 49 |
| 圖 3-12 | 表面有著精緻雕刻的骨角器（南科國小遺址） | 50 |
| 圖 3-13 | 原住民珍愛的貝製品（台灣大學人類學博物館提供） | 50 |
| 圖 3-14 | 史前製造金屬用的鑄模（舊香蘭遺址，國立史前文化博物館） | 51 |
| 圖 3-15 | 史前的房屋遺構（芳寮遺址） | 53 |
| 圖 3-16 | 考古發掘出土的墓葬（仰身直肢葬）與陪葬品 | 54 |
| 圖 3-17 | 墓葬上方的石塊標誌（淇武蘭遺址） | 55 |
| 圖 3-18 | 組合型石板棺、方形石棺、甕棺 | 56 |
| 圖 3-19 | 側身屈肢葬與俯身葬（三寶埤遺址） | 56 |
| 圖 3-20 | 左：石輪與單石；中：岩棺；右：石柱 | 58 |
| 圖 3-21 | 不知功能但似有重要意義的遺構（淇武蘭遺址） | 59 |
| 圖 3-22 | 考古發掘出土的古代灰坑（石橋遺址）與水井（許秀才遺址） | 61 |
| 圖 3-23 | 排列有序的古代柱洞（芝山岩遺址） | 62 |
| 圖 3-24 | 現代村落的貝殼堆 | 63 |
| 圖 3-25 | 是生態遺存也是遺物的帶穿魚齒 | 63 |
| 圖 3-26 | 從陶罐的出土脈絡決定它的功能 | 65 |
| 圖 4-1 | 考古採土器的鑽探 | 69 |
| 圖 4-2 | 道路工程下方的搶救發掘 | 72 |
| 圖 4-3 | 發掘現場的測量與方形考古探坑 | 75 |
| 圖 4-4 | 各種考古田野工具（花蓮縣考古博物館） | 76 |
| 圖 4-5 | 考古標本的採集裝袋 | 76 |
| 圖 4-6 | 在發掘現場設置系統方格 | 77 |

| 圖 4-7 | 平面圖的繪製 | 79 |
|---|---|---|
| 圖 4-8 | 界牆圖的繪製 | 79 |
| 圖 4-9 | 卑南遺址的龐大遺構 | 82 |
| 圖 4-10 | 內含豐富的灰坑現象（三寶埤遺址） | 82 |
| 圖 4-11 | 魚類的耳石與植物矽酸體（長寬約 0.04 mm） | 83 |
| 圖 4-12 | 考古發掘紀錄表實例 | 85 |
| 圖 4-13 | 考古出土標本的處理 | 86 |
| 圖 4-14 | 陶器的復原有必要性 | 87 |
| 圖 4-15 | 現代大型的搶救發掘 | 90 |
| 圖 5-1 | 地層的堆積 | 94 |
| 圖 5-2 | 遺址內常見的複雜地層現象 | 94 |
| 圖 5-3 | 地層中的文化層（灣港南遺址） | 96 |
| 圖 5-4 | 考古界牆圖的判讀（左：實際測繪圖，花崗山遺址；右：簡圖，淇武蘭遺址） | 98 |
| 圖 5-5 | 淇武蘭遺址上、下文化層的 C14 絕對年代數值 | 99 |
| 圖 5-6 | 風格排隊法舉例 | 100 |
| 圖 5-7 | 墓葬裡的所有器物皆具有共伴關係 | 103 |
| 圖 5-8 | 共伴關係的探究 | 103 |
| 圖 5-9 | 假設有 7 筆共伴關係的資料 | 104 |
| 圖 5-10 | 左側有陶器一批，分類得出右側 5 個器種 | 106 |
| 圖 5-11 | A、B 器種的型式分類 | 107 |
| 圖 5-12 | 根據形態的連續性變化做排列 | 107 |
| 圖 5-13 | 以共伴資料檢驗假設的表格 | 108 |
| 圖 5-14 | 檢驗結果舉例 | 108 |
| 圖 5-15 | 資料的合併 | 109 |
| 圖 5-16 | 器物編年圖的表格 | 110 |
| 圖 6-1 | 石質器物的分類舉例 | 115 |
| 圖 6-2 | 兩組遺址的網墜重量資料 | 118 |
| 圖 6-3 | 兩組網墜重量的平均與標準差都相同 | 119 |

| 圖 6-4 | 圖形是很好的表達方法 | 119 |
| --- | --- | --- |
| 圖 6-5 | 網墜資料的常態分布與雙峰分布 | 119 |
| 圖 6-6 | 錛鑿形器長寬的 X-Y 圖 | 120 |
| 圖 6-7 | 混合了兩種不同種類的錛鑿形器 | 121 |
| 圖 7-1 | 兩個陶罐 | 129 |
| 圖 7-2 | 從民族誌資料找參考（打製石鋤與石杵的復原） | 130 |
| 圖 7-3 | 骨製兩頭尖器是魚鉤嗎？ | 131 |
| 圖 7-4 | 有肩貝刀與貝刮器 | 132 |
| 圖 7-5 | 靴型石刀、人獸形玦（黃士強提供）、岩棺 | 133 |
| 圖 7-6 | 台灣只有磨製箭頭（左），沒有壓剝箭頭（右） | 134 |
| 圖 7-7 | 玉管（國立史前文化博物館：卑南遺址） | 136 |
| 圖 7-8 | 淇武蘭遺址的圖案風格舉例 | 138 |
| 圖 7-9 | 宜蘭淇武蘭遺址出土的三類陶器 | 141 |
| 圖 7-10 | 從器物到人與文化的常見研究法 | 144 |
| 圖 7-11 | 從材質可判斷是來自澎湖的橄欖石玄武岩石斧（牛稠子遺址） | 146 |
| 圖 7-12 | 不同文化風格（左 2 台灣與右非台灣）的器物 | 147 |
| 圖 7-13 | 是文化傳播？還是偶然的風格雷同？（上：廣東石峽遺址；下：台灣卑南遺址） | 149 |
| 圖 8-1 | 將外來物當成陪葬品（淇武蘭遺址） | 159 |
| 圖 8-2 | 排灣族的三寶與噶瑪蘭的金鯉魚 | 160 |
| 圖 9-1 | 中國各時代的玦（左至右：興隆窪文化、紅山文化 2 件、東周） | 166 |
| 圖 9-2 | 台北故宮的意義（置立於中央的鼎是中國權力的象徵） | 166 |
| 圖 11-1 | 蘭陽平原上的聚落即是遺址所在（大竹圍聚落／遺址；村民們皆面臨房屋改建問題） | 186 |
| 圖 12-1 | 視遺址為祖先起源地 | 192 |
| 圖 12-2 | 發掘現場要進行考古推廣教育 | 196 |

圖 13-1　山裡的石板屋（墾丁國家公園考古調查研究計畫）與復原示意...................................... 200

## 表格

表 3-1　各種材質原料的優缺點............................. 51
表 3-2　考古學文化的意義................................... 67
表 4-1　考古調查的表格....................................... 71

# 第一篇

# 考古學的理論與方法

# 第一章
# 考古學的學術領域

## 一、什麼是考古學

　　考古學是怎麼樣的一門學問？從各式各樣的教科書、參考書籍中都不難找到一些說明。最簡要綜合而言，不外乎就是「利用古代的遺留以研究過去人類的文化與歷史」的一門學問。所以我們不妨試著將上述定義的文字內容拆解，藉此來認識考古學的具體涵義。

　　首先，第一個要素是「古代」或「過去」，反言之，只要不是「現代的」、「未來的」都是可以納入考古學的研究範圍。不過，所謂「古代」或「過去」也不是全部都被相等視之，在傳統研究中常以有、無文字的出現作為區隔。因為在出現了文字以後，留下眾多以文獻為主的歷史記載，這部分稱為「歷史時代」，是歷史學者的發揮舞台。而沒有文字以前的「史前時代」就只能靠考古學者的努力，所以它才為傳統考古學的主要場域。換言之，傳統上的考古學主要是研究沒有文字的「史前時代」。

　　基於「文字的有無」做標準，造成在不同的地區，考古學研究的時限也不相同。例如一般認為台灣社會的文字歷史時期是開始於17世紀，所以17世紀便成為考古學與歷史學的時間分界。世界上還有不少地區到了晚近仍然沒有文字的使用，這些當然也是考古學的研究領域。

但是以上純粹是就「傳統考古學」的觀念而言,後來愈多的考古學者不再認為「文字」是研究歷史時代的唯一根據,考古資料對於歷史時代的研究仍然具有一定的幫助,於是以研究歷史時期為主的「歷史考古學」便趁勢興起,例如有些研究甚至晚到以20世紀第二次世界大戰時代的戰爭遺址做主題。總之,目前較多採用的概念是凡過去、古代都是考古學的研究範圍,而其中若屬無文字時期,則稱史前考古學,有文字時期則稱歷史考古學。

前述考古學定義中的第二個要項是所謂的「遺留」,它的意思是指主要的研究資料是來自過去的殘留,即考古學是利用人類發展過程中所累積的有形、無形的產物來進行研究。理論上,凡是曾有人類活動過的地方一定會留下一些蛛絲馬跡,這類產物經過長時間曝露、毀壞後,大部分都已經封埋在地下塵土中,而日後須靠著研究人員的發掘出土才能獲得。

當然實際上不是所有東西都能原封不動地存留於地下,特別是如動、植物的遺骸等有機質物極容易腐化,能否保存下來都端視埋藏環境的條件。所以從此點看來,考古所發掘出土的資料都不是完整,而是殘缺的。而且如石器、陶器等不容易毀爛的東西留下來的較多,木器、骨器等易爛的材質留下來的便少。總之,這種資料先天上的殘缺性、偏頗性是考古研究領域中不可忽視的特性之一。

又早期的研究者多重視具體可見的古代「人為器物」(Artifect),後來隨著相關學科的發達,才開始重視自然界的各種動物、植物,因為透過自然科學技術的分析,這類「生態遺存」(Ecofact)也可以提供很多與古代人類生活相關的訊息。在這種趨勢下,近來甚至連土壤、礦物都成為新的資料標的。現在,只要是對研究有幫助、有意義的任何埋藏都可視為是考古資料,統稱為考古遺留(Archaeological Remains)。

定義中的第三個要項是「人類」,這一點將考古學限制在必須有「人」存在的時空場域,如果是和人類毫無關聯者便不屬考古學。沒有人類曾到過的地域空間就非屬考古學領域;理論上也必須在演化出有人類之後才屬其範疇。

　　那麼,人類是何時才出現?這個問題尚頗多爭論,除了證據會隨著化石的新發現而不斷更新之外,從不同的定義角度也有不同的答案。例如若是從「文化性」的角度定義,辨別人類與其他動物的最大差異一般是人類可以製造與使用工具,其他動物多無此完整能力。而根據某些研究,人類開始具體製造與使用器物大致在距今200多萬年前,所以這個年代便是界定一個具有「文化」性質之人類出現的參考。

　　若從「生物性」的觀點,這個最早人類的年代又會提早許多。關於生物性的「人」究竟始自何時?我們可從目前整個生物界的架構先予認識。以現代一般對生物的分類系統而言,現代人依序屬於動物界、脊索動物門、哺乳綱、靈長目、人科(Hominidae)、人屬(Homo)、智人種(Sapiens)。特別要注意的是在「人科」以下的現存生物中僅剩下一個屬與一個種,就是現代人(*Homo sapiens*),因此不妨把「人科」當成一個判別是不是「人」的標準。換言之,「人科動物」可能是人類走向與其他多數動物不同道路的重要分水嶺。

　　至於其中的生物性表現是什麼?研究者們普遍認為所謂的「二足步行」便是最重要的關鍵了。簡要說,就是因為開始僅使用兩隻腳走路,從此便解放出了雙手,可以去創造各種活動,結果就演化成為了萬物之靈的現代人類。所以依此,我們便可根據二足步

行之生物化石的發現去推定人類出現的年代[2]。

歸納以上,即所謂「人」是可以從不同的角度來界定。從生物性而言,或早到距今千百萬年以前;從文化性而言,或在200多萬年前。若是將這個數據放入地質年代中,前者約當新生代第三紀中新世時代的末期;後者為第四紀更新世初期,這對於整個地球或生物的年紀而言,人類的存在都僅僅只是一個短暫的片刻(圖1-1)。

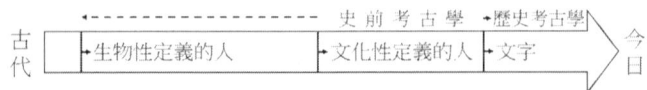

**圖1-1 考古學領域的範圍**

考古學是研究以「人」為主題及範圍的學問,因此理論上它的研究年代深度可長達(或限制)如上述的年代。有趣的是,印象中有時可見考古學者被和恐龍化石連在一起,其實恐龍是生活在2億~6,500萬年前的生物,牠們和人類恐怕從未謀面。恐龍化石的研究是屬於古生物學的領域,而和「必定得與人相關」的考古學無關。此外,雖說與人類有關者就進入考古學的範圍,但是對於人類尚少有製造器物的遠古時代(如圖1-1:「生物性定義的人」階段),通常只能注力於人類體質方面的鑽研,甚至有時還得溯及人科動物以前的化石,故這類與人類演化相關的議題實際上多要藉助體質人類學的研究。多數的考古學者仍是偏向人類已有了較多器物後(「文化性定義的人」階段)的研究。

---

[2] 舉例而言,在1970年代曾普遍認為一種稱為拉瑪猿(*Ramapithecus*)的生物可能是最早擁有「二足步行」的「人類」,「他們」被歸納為人科,年代推測約在距今1,400萬年前(今西錦司等1990;宋文薰、連照美譯,埴原和郎著1978)。不過隨著新化石的發現與研究,相關看法一直在改變之中。

若以上述的概念來界定台灣的考古學，因目前所知道台灣最早的人類約出現在距今3萬年前，有文字的歷史約出現在距今400年前，所以從3萬~400年前是台灣史前考古學的範圍，400年前以後便進入台灣歷史考古學的門檻。

定義中的第四個要項是「文化與歷史」，「文化」是人類生活創造的總體；「歷史」是人類發展過程的異時限闡述。這兩個概念讓考古學涉及的空間與時間變得非常寬廣，舉凡與人類有關的事情幾乎都可被納入其中。當然實際上考古學家到底能論及到何種程度是另個問題，究竟要利用殘破的遺留來拼湊、復原與解釋過去並不容易，但無非這正也是考古學具挑戰性與引人之處（圖1-2）。

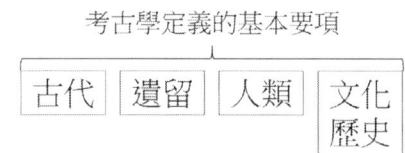

**圖1-2　考古學定義的基本要項**

以上是對考古學的傳統說明。但若是僅把這門學問定位在「古代人類的研究」，這樣好像還少了些什麼？作為一門現代學科是否還缺乏其應有的實用性、目的性的價值與意義？這個答案在本書最後的「後記」裡也略有說明。我們今日社會之所以呈現如此的狀態並非是個必然，而是人類自己選擇的結果。所以有些選擇的根由也許是短視的，或是偏物質性、商業利益性等，然對於人類的現在與未來的生活卻不一定是最好的。考古學家對人類的發展過程有最深遠的認識，從反省中應該可以告訴我們，如何對未來的文化走向做出抉擇！

## 二、考古學科的性質

　　世界各地的考古學本來各有源始,但到了19世紀末以後,現代科學考古學的概念逐漸成形,如今各國學術界對這門學科的性質多少已有一定的共識。

　　首先,考古學乃是一個綜合性的學科,它需要多方知識的貫通配合才能獲致一個好的研究成果。圖1-3 做了個簡單的表示方法。

　　在現代人的知識分類中,科學或非科學常被引為一種學術區分的界線。對於所謂科學的定義頗多,較狹義的解釋可視為是否能藉著實驗重複推理驗證者;若以較寬廣的概念看待,則凡是可使用邏輯方法進行研究分析,以提出合理性解釋的領域應都可稱為「科學」。相對於此,「非科學」便是較難以完全用邏輯、客觀方法解釋與研究,例如宗教、藝術、文學等[3]。廣域的科學又大略分成自然科學與人文、社會科學等。如前所言,凡可反覆以實驗方法進行推理驗證者(狹義)屬於自然科學,如物理、化學、數學、生物學、天文學、地質學……等;主要與人及其社會文化有關者多歸類為人文社會科學,如政治學、經濟學、

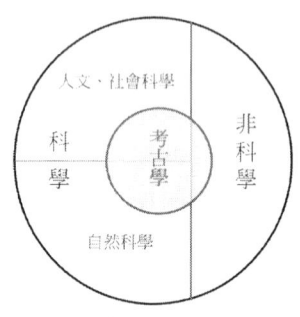

圖1-3　考古學的知識定位

---

[3] 對於學科的分類並無完全一致的「標準看法」,例如音樂不是也有「樂理」?繪畫也有「技法學派」等理論,亦非完全無法進行客觀的分析研究。但關鍵在於這些並不是藝術的核心所在,無法單靠學理直接成為一位大藝術家。

社會學、民族學、文化人類學、歷史學、哲學等[4]。

在上述的定義下,考古學科的位置應可放在如圖1-3的約略中間,橫跨了科學與非科學,也包括了科學中的自然科學與人文社會科學。這是因為考古學本身是以科學性的知識進行符合邏輯的分析研究與推理,所以當然具有相當分量的科學性質。但又因為作為研究對象的人類亦有精神、象徵與非理性的一面,這些課題便不能僅以純粹科學方法理解,甚至有些大學還是以結合藝術美學的藝術考古學聞名。

考古學不僅橫跨了不同的領域,而且它的性質還具有相當的彈性。想像位於圖1-3中心的圓是可容許適度的游移,如動物考古學是從動物相關資料的分析入手來探究人類的文化,在這類研究過程中需要很多與動物相關的知識,所以圖1-3的圓圈便要向左下角的自然科學多移動一些;植物考古學、生態考古學或是科技考古學都有如此傾向。另如歷史考古學因為仰賴相當程度的文獻資料,所以它的重心便要往左上方的人文社會科學移動;民族考古學是以親身參與族群生活來幫助解釋考古遺留,所以也有著偏重人文社會科學的性質。

又在不同的地區,考古學的性質重心也各有不同。例如在歐洲的法國多以舊石器時代的研究聞名,在東方的中國或日本是以傳統歷史趨向的考古學為主,在美洲則看重人類學式的考古學。它們各基於不同的學術傳統與區域特性而有不同的偏好。

即使在同一個地區,對於不同時期階段的研究也各有重點。如張光直(1995a:31)建議對中國古代歷史研究重新畫為幾個階

---

[4] 這個領域也可再細分為「人文(科)學」與「社會科學」,在研究上前者比較多主觀成分;後者較強調客觀角度。而兩者研究最終都以尋求獲得學界的共識承認為目標。

段,「農業以前的舊石器時代,幾乎全要建立在自然科學的資料之上。傳世的文獻在這裡毫無用武之地。」「步入有階級、有文字、有城市的文明時代以後……文字的資料逐漸加入歷史的資料裡去,造成歷史資料質量的重大上升。」便是一個示例。

現實中,近來的考古學有愈重視自然科學的傾向,認為使用更客觀的科技分析方法有助於得到更正確、真實的資料。這個主張當然沒錯,不過所謂的「自然科技」通常只適用於「資料分析」的層次,而不適合用於「解釋」的層次。一般考古研究的過程會先對出土遺留進行分析,然後再進入推論解釋的階段。在前面的過程,可以大量運用各種手段以得到一種較客觀化的資料為目的,所以自然科技在這裡可以大顯身手;在後面階段,以人文社會科學為根底的合理邏輯推論與解釋才是主角(圖1-4)。

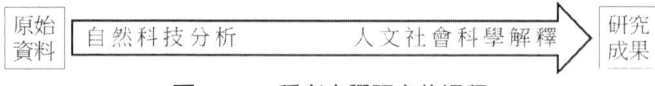

圖1-4 一種考古學研究的過程

舉例如:當我們對A地的某種器物的材質或成分進行科技分析後,發現它的原料是出自B地,但儘管如此,這時仍無法解釋成A地的這件器物是直接來自B地。因為這其中還有很多可能,說不定這件器物是一路輾轉各地,最後才到達A地。又如:某遺址出土了一個成人與小孩並排的墓葬現象,那麼自然科學家很可能直覺地想利用DNA技術鑑定來證明這成人與小孩的親子關係。但是從人文社會的知識便知道所謂親子關係並不一定等同於血緣關係,真實世界有太多沒有血緣關係的親子。總之,自然科學也許可以拓展不少的資料訊息,但是在解釋上還是要回歸人文社會學科。

## 三、考古學科的構成

至於考古學之內在是如何構成呢?即圖1-3中心那個圓裡面又包含了那些成分?同樣以圖示(圖1-5),於本領域內可區分出理論方法、手段技術,及研究成果等三大要項[5]。

關於理論方法,可參考如張光直(1988:61)所述:「經過逐級逐級的具體分析,我們對於古代的文化社會得出一些帶有規律性的認識,將這些認識加以總結,就形成我們對社會、歷史、人類、世界及宇宙的看法……。這些看法……就是我們考古工作者的理論。」換個簡單的方式說明,理論就是對於各種現象能以具有邏輯

圖1-5　考古學的構成

性或說服力的方式解釋說明,例如「演化論」就是能解釋我們看到的生物現象的理論。「演化論」當然是個偉大的一統理論,幾乎適用於所有生物,而多數的「一般般」理論都帶有些前提,通常只適用於某個時空、某種背景[6]。

所以,「用具體的例子講,研究全世界不同社會文化的人類學者提出了各種文化理論,這些便是考古研究者最好的復原藍圖,當研究者觀察考古材料的時候,腦子裡都是這些藍圖(理論),隨時可以準備抽出那張能把材料復原為制度習俗的一張圖」(張光直1995b: 112-113)。

---

[5] 在大學教育中,常見的課程如「考古學史」就是講理論方法;「考古田野方法實習」就是教導手段技術;「台灣史前史」、「東南亞史前史」等就是一種研究成果。

[6] 尤其在人文社會科學界,很難出現如演化論般一體適用的理論,只能說可適用性較廣、較高者是為一個好的理論。

研究者的藍圖應該要愈多愈好，除了與考古學關係親近的文化人類學之外，歷史學、民族學、地理學與社會學等也都有足以引用的理論藍圖。反言之，便很難想像一個不瞭解人類社會文化的學者要如何做好考古研究？

　　其次是關於考古學研究的手段與技術，用最簡單的話說便是「挖」。學術中有個專門用語特別稱作「發掘」（而非挖掘），依其字意可以理解成「發現」+「挖掘」，用以區分考古專業的「挖」和一般人所認知的「挖」是不同。以發掘作為一個考古研究的手段與技術，它的學理基礎是：因為古代人的遺留是依著人類的行為過程有次序地埋入於地層中（有句學術用語：地層凍結了過去的時空），因此只要好好依序挖出埋藏時的各種原始狀態，便可據之推測人類原本的行為活動。

　　同時由於考古學的學問目的是著眼於人類與文化的研究，而不是器物，因此考古發掘就是要挖出各種有助於目標研究的資訊，而非僅是器物本體（否則就和挖寶沒有什麼不同了）。針對於此，考古發掘有個最大的武器即是所謂「脈絡」的概念，簡單而言，它是指各種遺留之間的「關係」。透過這類的關係資訊，便能正確地將各種考古遺留解讀成研究資料（詳見本書第三章），而此點正是考古「發掘」和一般人所認知之「挖掘」的最大不同所在。

　　至於在實際田野中應該如何做好發掘工作，以獲得正確的古代訊息呢？兩個最根本的原則便在於「控制」與「記錄」。如前所言，考古學者認為過去人類的遺留是有次序地埋入於地層中，因此只要控制好挖出的步驟，便能一步步、有規律地復原當初的埋入狀態，進而推測人類原來的活動行為。在實際的發掘裡，一般以正方形或長方形的方坑作為挖坑基本單位，稱為「考古探坑」；又制

定以某個深度作為基準,一層層向下發掘,稱為「水平向下發掘法」。這些設計無非就是想有效的控制整個發掘過程(圖1-6)。

　　發掘的另一個要點是「記錄」。有學者宣稱發掘也是一種破壞,這是因為考古遺址一旦經過挖開後就永遠不可能照樣復原,所以凡有發掘一定要配合有紀錄。只要做好完整的紀錄,就是把破壞減到了最低,也把未來資料研究的可能性推展到最大。概念上,在發掘過程中的所有現象都是記錄的對象,紀錄愈詳盡,資料便愈齊全,細微的觀察能力與豐富的經驗對於記錄者而言都是必須的訓練。例如當在發掘初期的淺層地層中出現了一塊大石頭,這時如果因為我們判定它並沒有人為加工痕跡,不是一件器物,因此就不去記錄它,那麼便可能失去一筆重要的資訊。因為在它的下方也許正埋著一座石棺,失去紀錄的那顆石頭也許正是這座石棺的標記(似墓碑般意義)。

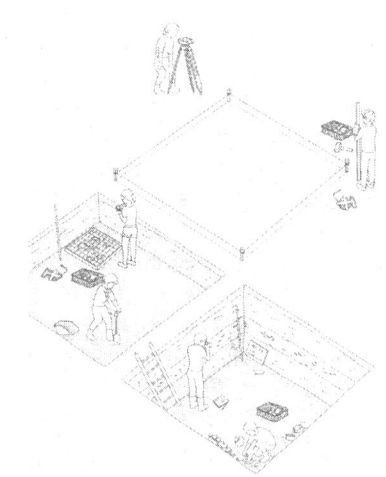

圖1-6　考古探坑的發掘

　　此外,今日的考古調查、發掘運用了很多先進的科技,如透地雷達、3D或衛星技術都相當普遍,這讓本科較其他人文社會學科顯得非常與眾不同。

　　最後是關於研究成果。一個考古研究可以用自然科學輸入資料,輸出則是要用人文社會科學的方式。傳統認為考古學的課題研究有兩個方向,分別是文化人類學式及歷史學式。前者著重在

古代的文化或社會形式的探討，多以尋求建立人類生活法則為目標；後者注重探究各時代的文化或社會的內容與關聯性，希望復原古代人類的生活發展歷程[7]。這兩種方向的研究都各有其意義，但因為考古學的性質帶有很強的地域特性，所以上述兩者都必須在以某個地域為前提的基礎下來建立。我們在多數的考古議題上都會看到如「台灣史前史」、「東南亞史前史」、「埃及古文明史」等便是如此原因。

## 四、結論

考古學裡最簡單、重要的中心概念是：它是藉著物以研究人，所以最終目標是人，而非物。過去有些錯誤的印象讓人以為考古學者就是整天揣摩在古物堆裡，對一些珍奇古玩愛不釋手，甚至就像古董店裡的商人一般，談論著古物的美感與市場價值，其實這是個相當大的錯誤印象，甚至是相反方向的誤導。考古學家常常警惕自己避免成為只注重「物」，不研究「人」的古器物學者。物的研究雖是考古分析相當倚賴的一面，但最終目標仍是在追求人與文化的議題，此點毫無疑問是作為一位現代考古學家的最基本要求。

對於考古學研究的很多課題，用一般世俗的眼光來衡量或許都不是看來「偉大的」或「卓越先進的」（如登陸月球般），有時或者只是為了知道人類過去吃什麼食物，或是如何打造器物，甚至如古代人是不是左撇子比較多等等「微不足道」的小事。然而透過這些小小研究成果的層層堆砌，便可以重現我們已經無法親眼目睹的過去，並將人類生存長期以來的經驗變成創造未來的知識。

---

[7] 所以有些大學將考古學置於人類學系，有些置於歷史學系。

# 第二章
# 考古學的發展史

## 一、近代的考古學史

　　每門學科都是經驗與知識的逐步累積,很多學科出現的最早源頭已無可推考,考古學也不例外。大致或可以想見「神秘、遙遠的過去」對於人類心智常有一種莫名的吸引力,這時如果再發現些具象的古代器物,便會引發出對過去事物的一些猜想與推測,考古學的起源便可能從此發生。

　　在早期科學未開之時,對於不明古代器物的發現,一般只能藉由想像猜測其原本,東、西方都不乏有這類的記載事例[8]。到了科學發達之後,這種聯想加入了邏輯思考、科學知識,變成了一種有根據的推測,才走上我們今天所說的現代考古學的道路。當然,這個過程在世界各地互不相同,故而也形成了各有獨自特色的考古學。

　　西方,於中世紀沉寂了一段時期之後,14世紀出現了倡導人文價值的文藝復興,並為緊接而來的啟蒙運動奠定基礎。又在理性主義取代神秘難解的宗教神學過程中,自然科學從中抬頭發展。如地質學者發現了從地層堆積是可以認識地球的真實過去,從而與宗教界產生一場世紀論戰。萊爾(Charles Lyell, 1797～1875)在1830年的《地質學原理》(*Principles of Geology*)中指出了地質堆積乃是經過長

---

[8] 可參閱陳星燦(2007:62)。

時間一定自然力所營造的結果,這個論述從自然科學觀點開啟了對遠古時代探究的可能性。

上述說法也直接影響了達爾文(Charles Darwin, 1809～1882),促成「演化論」的誕生。1859年出版的《物種起源》(*On the Origin of Species*)主張生物的種類乃是一種演化的結果,各種生物都有其演化歷程。而「人」若不例外,那麼古代以來的人類演化過程將是一個很值得我們自己關心的事情。

無論從理論或方法角度,上述的地質學與古生物學(演化論)就是構成現代考古學出現與成長的兩大支柱。具體而言,在地質學方面:藉由「地層是隨著時代累積」的法則,從而導引出「根據地層上、下的疊壓關係,便能推論出埋藏在地層中之遺物的彼此年代早晚關係」,這也是為什麼考古發掘要強調必須一層層往下挖,重視上、下層位間關係的原因。在古生物學方面:考古學者們將演化論的概念發揮運用於器物研究,認為諸多器物也會隨著時代逐步變化,即可「根據物的循序變化現象,推論它們出現的年代先後關係」,從而建立起考古類型學的分析方法(圖2-1),瑞典學者蒙地留斯(Oscar Montelius, 1843～1921))便是其中的代表人物[9]。

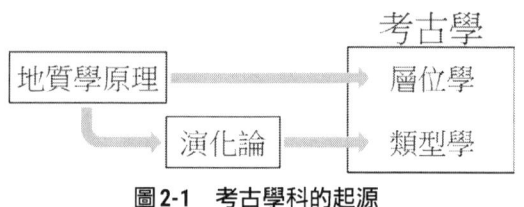

**圖2-1　考古學科的起源**

---

[9] 參閱本書第五章。

總之，位居考古學最核心概念的層位學與類型學，毫無疑問，便是分別來自地質學與古生物學（演化論）。

　　此外，推波助瀾者還有始於15世紀的大航海風潮，此舉引來西方一些研究者對於異世界中奇風異俗（包含人、文化與器物）的關心，埋下了文化人類學發展的種子，間接也助長了考古學的成形。為什麼呢？主要原因是：傳統文化人類學關注的對象都是「異文化」與「無文字」的社會，並主張「親身參與」的田野研究方法，而這三個特質正好和考古學都相同。傳統考古學研究的史前社會也是沒有文字；相對於現代亦屬一種異文化，同時強調研究者自身參與田野發掘的必要。這也是為什麼考古學的諸多論述常常都是借自文化人類學理論的原因。

　　如19世紀後半，摩根（Lewis Henry Morgan, 1818～1881）於1877年所著的《古代社會》（*Ancient Society*）中提到人類的社會文化乃是隨著時代而演進，其過程依序會經歷野蠻、半開化與文明等三個階段。這個想法便長期被考古學者所引用，即根據遺物的外表形態對於它們背後的社會貼上原始與進步的標籤。

　　到了20世紀，社會演化論的思想開始受到較大的挑戰，著名如以鮑亞士（Franz Boas, 1858～1942）為首的文化歷史學派便認為造成社會差異的原因不在演化階段，而是自我傳統的文化歷史。鮑氏從地理學、民族學與田野資料發現屬同一社會群體會有較多共同的文化組成要素，不同群體間則相對少相同要素。這個概念應用在考古學便是：可以使用「器物組合」[10]來作為代表某民族或文化群體的指標，指出該器物組合的分布範圍，就能推論該民族或文化群體的存在領域；分析該器物組合的時代變化，便能推論其民族或文化群

---

[10] 由一些特定遺物種類所組成，可參閱本書第三、五章。

體之變遷。這種想法與推論方式至今仍然相當主流。

　　20世紀中期,則有以史都而德(Julian Steward, 1902～1972)為代表的文化生態學派崛起,主張文化的作用在於對週遭環境生態的適應。所以文化形態會有不同之原因不在演化,也不在族群的固有文化歷史,與其重視文化本質要件,不如看重文化與人群生活環境的關係。轉換到考古學上,便是要將古代遺物視為是人群適應環境生態的產物。以台灣的例子說明,如阿美族的部落有些是居於海岸平原,有些則居於山中,而排灣族的部落亦有部分是居於海岸平原,部分居於山中。觀察他們的各種生活用具,即使是屬同族群(同樣為阿美族或排灣族),但因為住在山裡與海邊的生活環境與方式不同,所以在器物的表現上也會有不少差異。反觀雖非屬同族群,但因同樣生活在海岸平原或山裡的環境,反而會有相似的器物表現(如海邊的漁業用具,山中的狩獵用具)[11]。

　　文化生態的考古研究常常以跨學術領域的團隊合作方式進行,因為他們必須對整個生態環境與人群有深入且全面的認識。台灣在1970年代進行的「濁大計畫」研究中便網羅了各種不同專長的學者,即是這個潮流下的產物。然而,因為考古研究中所言的環境乃是一種「古環境」,因此須先「復原古環境」這個前提也讓研究增加不少困難度。

　　同樣在20世紀中期稍後,美洲的考古學發出了重大的改革聲浪,起因來自一些新一代的學者,他們不滿傳統以來的考古研究只把焦點放在年代的琢磨與文化外貌的描述。他們認為考古學應該更積極邁向客觀可驗的科學領域,因此與其鑽研於文化史面貌,不如

---

[11] 如果以文化歷史學派的想法,無論是居住在山裡或是海邊的阿美族(或排灣族),他們自我的器物仍然會有著高度的類似性;但以文化生態學派的想法,無論何種族群,居住在同樣環境中的人群才會有器物高度類似性。

把眼界放在對人類行為法則的探討。要完成這個目標，方法上便需要經過一番設計，經典作法就是使用更合乎於科學探究精神的「演繹法」取代傳統的「歸納法」，透過「假設－驗證」的程序來確認某些行為法則的是否存在。考古出土物從此不再是堆砌學問用的元素，而是檢驗文化假設的科學性資料（圖2-2）。

| 探索人類文化法則 | 演繹法 | 過程解釋 | 客觀科學 | 統計量化 |

**圖2-2 新考古學的重要主張**

在實際操作中，本學派非常倚重資料的量化與統計，但相對輕視遺物本身的文化資產價值。這一個新潮流在當時被稱為新考古學（New Archaeology）或過程考古學（Processual Archaeology）。

新考古學捲起的旋風曾受到相當程度的重視，然而該學派中有不少屬極端論者，他們對外極度輕視傳統考古學的作法，而對自我方法的客觀科學性卻展現高度的自信，故而一度引起諸多爭議。

不過時至今日，再提新、舊考古學優劣之爭者已寥寥無幾，因為兩方都確實各有長處與短處。考古學歷經這場「革命」後普遍得到一個共識是：傳統考古學有其不可取代之意義，而新考古學則大步刺激了它的發展。

新考古學之後，又有認知考古學（Cognitive Archaeology）或稱為「後過程考古學」（Post-Processual Archaeology）的提倡。這次強調的是凡研究應該要站在古代當時人的立場去看待與理解文化現象，反對從研究者立場做單方面的解讀，更不同意有所謂完全客觀化的考古資料及研究。這個概念基本上是來自當代學術界重視「詮釋主義」的大潮流，應用在考古學領域則較適合於宗教、藝術或意

識形態層面的探討。但或許是他們對於考古學向來所倚重的遺物性資料的認知與傳統看法的對立太大，加上研究的方法不易[12]，所以學說本身的論述雖然有據，但未見太多具說服力的研究案例。

在各種學說、理論林立之間，「民族考古學」（Ethnoarchaeology）是在台灣較受重視之一。其主張考古學者在方法上應該如同文化人類學者一般，親自至部落間進行田野調查，以收集足以解釋考古現象的資料。藉這種作法可以適度調和前述（認知考古學）「研究者的主觀偏差」問題，而且對考古現象的解釋也顯得較「於實有據」。但相對於傳統方法，研究者往往要付出更多倍的時間與精力於田野。從實際應用而言，因為台灣有著眾多的現生原住民族群，故非常有利於借鏡這個學說[13]。

此外，如歷史考古學是以有文獻的社會作為研究的對象。概念上它認為考古研究可以補充文獻不足之處，也能修正文獻的偏見所在。在分析中特別注重文獻與考古資料的密切配合，並把文獻視同為一種文化性的產物資料，避免絕對的文獻主義。從此點而言，歷史考古學頗有立足空間與發展性，然而以有限、零碎的考古資料來挑戰近代文獻的綿密研究成果確有其難度。所以實際上，很難否認不少歷史考古學僅能成為已知文獻研究成果的附庸，此為本領域值得再加強與提升之處。

使用法國操作鍊（Operational Chain）也是台灣近年常見的考古分析方法。這個理論非常強調整個技術體系與該社會有緊密關聯性，主張社會因長期在相同的文化傳承下，人群的工藝技術乃會趨

---

[12] 如何可知道史前人的心靈與認知？這是一個不易探究的議題。
[13] 學史早期另有所謂的「民族資料類比研究」，這是指使用已有的民族誌資料來協助推測考古遺物或現象的功能與意義。而「民族考古學」是強調要考古研究者自己參與觀察，獲取第一手所需的資料。兩者的概念不同。

於一定的模式,製造器物從取材到完成會歷經類似的選擇與過程。因此反過來想,藉由辨識這套技術模式便可以指出其背後的特定人群文化。在實際的分析應用中,持本論的研究者間多已形成一套廣泛具共識的作法。但批評者普遍認為操作鍊分析方法過於僵化,忽視了人的文化與社會中的多樣性。

　　從20世紀初期以來在日本廣受大眾歡迎的「日本民俗學」也頗值得一提。代表人物柳田國男[14]大力主張應結合歷史、民族、考古、語言、文學、傳說等相關領域,對現有文化的歷史、過程或成因提出解答。日本民俗學的興趣對象雖然偏重在本國的庶民社會,但是對台灣的考古研究方法不無啟示。因為台灣考古基本上就是對原住民族群的古代史研究,換言之,某種程度我們的考古學就是在為原住民現有的各種文化現象找歷史解釋。所以適當借用日本民俗學的概念,針對議題,善用各種相關學科找答案的作法是值得參考。而且考古學的研究從此可以串聯到現生族群資料而得以獲得驗證,不再淪為是對已逝事物的空談泛論。

　　以上,無論是哪一種學說的創立、風行都有當時的背景,有時是基於對前一代論述的不滿,有時是順應當代整體學術的潮流。因此要評價各考古學說的價值、意義,基本上應該將它放回原本的學術時空與脈絡裡討論。運用舊學說並非就表示學術價值低,使用新的說法也不代表學術程度較高。研究成果的優劣和引用學說的新、舊原則上無直接關聯。舉例而言,當我們對一批古代斧頭進行分析時,如果發現它的關鍵變數是大小或重量,那麼就較適合用「生態」或「功能」的角度去理解它;如果關鍵重點是它的形態風格表現,那麼從「文化歷史」去解釋可能較得宜。

---

[14] 柳田國男曾強力批判考古學,認為考古研究過於空泛,且對現實社會無益。

在考古領域中，現在還是有很多人使用傳統學說來尋求研究解釋，而且隨著學術向前邁進，舊說法也在自省中求取改進。例如對於社會文化的演化問題，現今多以「多線演化」概念取代過去單線演化的說法。又如「傳播論」原本是19世紀所形成的一個理論，其認為很多地區的文化特質是因接受傳播而獲得，甚至還有所謂的「極端傳播論」更主張所有文化特質皆出自埃及文明中心的向外傳播。由於傳播的說法確實是一種很易於理解的人類行為現象，故有不少考古學者常借用來解釋兩地區的彼此關係。當然今日學者幾乎都不會認同極端傳播論，而且在資料的解釋上也已顯得更為嚴謹。通常，兩個區域一定要在地理上有關聯性；文化要素的出現時間有重疊性；文化內容特質有類似性。在上述這些要件可以成立的前提下，才適宜使用傳播概念解釋。

總之，理論是用來幫助考古資料尋求解釋，並更有系統的認識古代文化。瞭解各種理論有助於拓展我們的視野，知道學術上有各式各樣的看法，但如果只是一味把某理論當前提，當定律，資料變成附庸，「用理論垂直式地指導資料研究」，這種研究成果勢必大打折扣！

以上為西方近現代考古學的簡要理論發展過程。另如前述，世界各地都有各自的發展特點，不能完全一概而論。例如在東方的中國，不少學者主張北宋時期呂大臨所做的「考古圖」已經具備考古概念的萌芽。而此後經歷了一段不算短的時期，到了明、清時代的金石學才全面燃起對古器物研究的興趣。不過，金石學的器物資料本身多屬傳世品，和從田野發掘出土的考古遺物在性質上有很大的不同。而且金石研究缺乏對人類文化層面的探討，所以只能稱為是一種「古器物學」。

到了19世紀末，甲骨文與後來殷墟的發現引發了對夏、商、周三代研究的熱潮，從而順勢成立中國考古學自己的隊伍（中央研究院歷史語言研究所，以下簡稱中研院史語所）。由於傳統以來的中國偏重文、史、哲，輕自然科學，而且三代可說是中國社會文化道德觀的主要說理來源，因此這類上古「史」的考古研究在中國格外受到看重，這自然成了中國考古學的主流方向。常常被提到的一個故事是：聞名中外的北京人化石雖也是約略被發現於同時，但其地位卻遠遠不及安陽殷墟，甚至早期的北京人研究還是被置入在中國的歷史架構中討論，對歷史的、民族的、文化的面向的關心程度遠超過古代人類與自然環境關係的探討。時至今日，「三代」可說仍舊是中國考古學研究的主要核心價值。

## 二、台灣的考古學史

台灣考古學的發展和我們社會的時代背景有很大的關聯。19世紀末，因甲午戰爭締結的馬關條約，台灣從此成為日本政府的領地，隨即而來便有不少日人學者進入台灣各地從事各項調查與研究。由於當時的日本歷經明治維新，已從西方接受了包括考古學在內的各種先進科學知識，因此考古研究便一同被引進了台灣。

### （一）萌芽期（1896～1927）

一般把1896～1927年視為台灣考古學的萌芽期。1896年，任職國校教師的粟野傳之丞在台北的芝山岩發現了一件打製石器，隨後他將這件石器寄到日本，在日本東京人類學會坪井正五郎（1897）的確認下證明是件古時的石斧，因此學界據此作為台灣考古肇始的標誌年代（圖2-3）。

隨後，如森丑之助、伊能嘉矩、鳥居龍藏等人相繼在台灣各地有不少考古發現。當時的他們除了廣具民族學、人類學、考古學等相關知識，主要憑藉著對學術的熱情與堅持，如探險家般深入台灣各地進行田野調查與標本採集。如森丑之助便走訪探查了多處過去外界鮮知的山區，記錄

圖2-3　台灣考古學開始的標誌地：芝山岩遺址

了很多台灣山地裡的考古遺址，堪稱遺址調查的典範。鳥居龍藏前後5次來到台灣，先後深入各地考察，其中對蘭嶼的調查尤為有名。鳥居留下了不少田野相片資料，對人類學、考古學都極為珍貴[15]。伊能嘉矩則以文化人類學的調查為主，所做的民族誌資料對於後來的考古研究與解釋提供很大的參考，成為台灣考古的一大特色所在（以族群資料配合研究）。

　　歸納當時的研究內容，大致可瞭解本時期主要的興趣重點集中在：

1. 遺址、遺物的調查與發現，如著名的台北圓山遺址便是當時田野標本採集的重點之一，保留下諸多的遺物。
2. 民族類比的考古研究，即用民族誌資料去比對與解釋各種考古發現，如陶器的製作、墓葬的行為，甚至以族群的傳說推測遺址的主人。
3. 研究主題多圍繞在人種或民族的問題，如台灣的原住民與馬來

---

[15] 這是人類學、考古學界第一次將照相攝影使用於田野的紀錄。詳可參閱宋文薰等（1994）。

族、苗族的關係，或是台灣與東南亞、菲律賓或琉球的源流關係等。

相關研究成果多發表於《東京人類學會雜誌》(1887~)。於台灣當地僅有《台灣日日新報》(1898~1945)、《台灣時報》(1919~1945)等少數可見零星報導。

在研究機構方面，此期間以建於1908年的「台灣總督府博物館」為唯一主要。本館的當急任務雖是協助總督府的政策推行，然實際上進行了很多有關歷史、民族、人類學、動植物、地質礦物的標本收集與學術研究。「台灣總督府博物館」後來歷經改制，至今成為「國立台灣博物館」，館內收藏日治時期以來之豐富標本，在台灣考古占有重要地位（圖2-4）。

圖2-4　今日的國立台灣博物館

## （二）成長期（1928~1948）

1928年台北帝國大學創建，在轄下的文政學部裡成立有「土俗人種學講座」[16]，專門從事人類學、民族學與考古學等領域的教學與研究活動。至此，過去多屬個人獨力進行的（探險式、博物式）研究調查，逐步轉換成為專業機關組織性的計畫實施，故被視為是另一個階段的起始。

移川子之藏、宮本延人、馬淵東一等人皆是上述「土俗人種學講座」的要員，肩負拓展本學科的使命。醫學院的金關丈夫則是

---

[16] 即今日台灣大學人類學系的前身

早期體質人類學界的代表人物,開啟台灣族群體質的田野測量及研究。同時,他亦涉及了考古、文化、族群等諸多領域,在日、台考古學界皆頗富盛名。

此外,再值得一提的便是鹿野忠雄與國分直一,此兩位承續了早期學者的堅毅性格,並各自在不同學域裡集其大成。鹿野忠雄堪稱是一位自然科學界的博物學者,對於當代之地理、地質、生物、民族、考古等分野皆有很多具體的貢獻,他所著的《東南亞細亞民族學先史學研究》(共二卷)集結了東南亞各地(包括台灣)的田野調查與研究成果,尤對台灣的族群與考古皆提出有著完整組織的論述,直可視為台灣考古的第一部教科書[17]。國分直一專長於民族、民俗、歷史、考古等領域,是一位人文社會學科的博物學者,他的論著甚多,除了豐富的田野資料外,對提倡所謂「東亞地中海」的概念有精湛的見解[18]。

整體而言,不少考古遺址的深入研究始於本期,而最關鍵的原因之一便是「考古發掘」。在機關組織(人員、經費)的支援下,終於可以開啟遺址的發掘工作,有機會揭開埋藏於地下的真實狀態。1930年前後,在墾丁遺址進行了台灣初次的正式考古發掘,出土的豐富成果無疑給接下來的工作帶來極大的信心鼓勵[19]。

本期間的研究課題明顯從個別的遺址遺物轉向整體文化內涵的探討,主要關注點仍是台灣的史前源流問題。最著名的研究事例便是由金關丈夫(1943)與國分直一發表的「台灣史前文化的大陸

---

[17] 原書可見於鹿野忠雄(1946、1952);台灣部分的譯著見宋文薰譯,鹿野忠雄著(1955)。
[18] 鹿野忠雄在二戰時期失蹤(去世);國分直一於戰後回到日本仍持續台灣等區域的研究,直到2005年逝世,大量書籍遺物皆捐贈至台灣大學。
[19] 約略同一時期尚有宜蘭新城遺址、埔里大馬璘遺址、台北圓山遺址等的發掘。

源流學說」，這個說法推翻了過去認為台灣史前文化是來自菲律賓北上的觀點。即倡言古代台灣文化是從西側的東亞大陸傳入（或稱為「北來說」），而不是來自南側的菲律賓（「南來說」），台灣的古文化年代基本上是早於菲律賓。這個看法影響後來頗深，獲得至今多數研究者的贊同。此外，鹿野忠雄（1952）根據考古遺物的類似性比較，提出了台灣史前文化來源的七個方向，具體化台灣文化多樣性的存在與源流（圖2-5）。

本期間的考古學除了建立在大學體制內，同時也藉由「南方土俗學會」的成立與運作，將學術知識從學院內向外擴展至社會民間各階層。該學會出版刊物為《南方土俗》雜誌（後來改稱《南方民族》），從此相關的專業文章逐漸可發表於台灣的本土刊物。

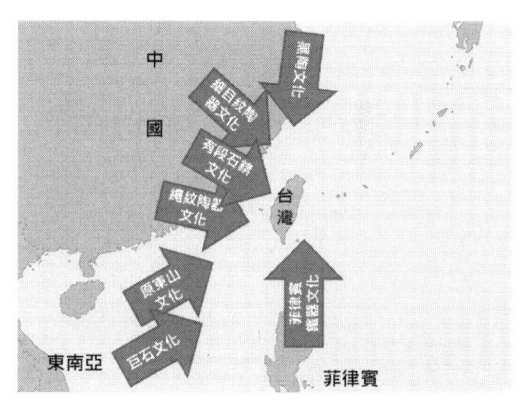

**圖2-5 鹿野忠雄提出的台灣史前文化來源**

1945年，日本戰敗，多數日籍人員撤離台灣，若干日本學者則被以「留用」的名義滯台協助後續工作，考古學界亦同，此情況一直延續到1949年才又有較大的實質性改變。

## （三）轉變期（1949～1979）

1949年後，大陸的考古學者如李濟、董作賓、石璋如、高去尋等人隨中華民國政府遷台，大幅改變了原有的台灣考古學界。這

些當年主要從事於殷墟考古的研究人員，一方面接收了舊有的學校系統，改制為國立台灣大學考古人類學系；另一面則在台灣恢復了中研院史語所[20]，繼續從事大陸的安陽研究，讓「中國研究」在台灣考古界一時成為興盛的顯學[21]。

然而考古學仍是一門需要有田野場域的學科，由於兩岸的政治對立，台灣在不易繼續獲取大陸新資料的狀況下，中國考古研究的比重逐年下降。相對，隨著台灣田野工作的增加與重視，台灣考古則走向蓬勃。

在本期間，如大坌坑、鳳鼻頭、八仙洞等重要遺址陸續被發掘，從而可根據多處遺址的地層埋藏關係，逐次建立起對台灣史前文化層序的基礎看法。研究者們關心的議題也從戰前所關注的島外來源問題，轉變成為島內本土的文化類型研究。這是一種「文化史」的概念，正如同史學領域中亦有「政治史」、「經濟史」、「社會史」……等，考古學則常以生活形態（即文化）作為建構史前史的主體內容。方法上，以選擇具有特色或代表性之考古遺物、要素作為判別基準，在「文化歷史學派」的概念下（遺物組合＝文化群體），分類建立各個史前文化類型，並依相互的時空關係建構各類型的分布地區與時代層序。利用這種方法來論述台灣的史前文化，至今仍是不少研究者所努力的目標（圖2-6）。

另在1970年代以後，於原有的文化史方法外也逐漸導入了國際視野，開啟此大門的重要人物之一便是著名考古學者張光直。他早年畢業於台大考古人類學系，後來長期活躍於西方學界，以中國考古學的研究最為著稱。張光直相當積極欲將西方考古的新知識引

---

[20] 原於1928年成立於中國，當時設立的主要目的即為安陽殷墟的發掘。
[21] 同時期的中華人民共和國曾因為政治、社會的因素（如文化大革命事件）而影響了考古學的發展。

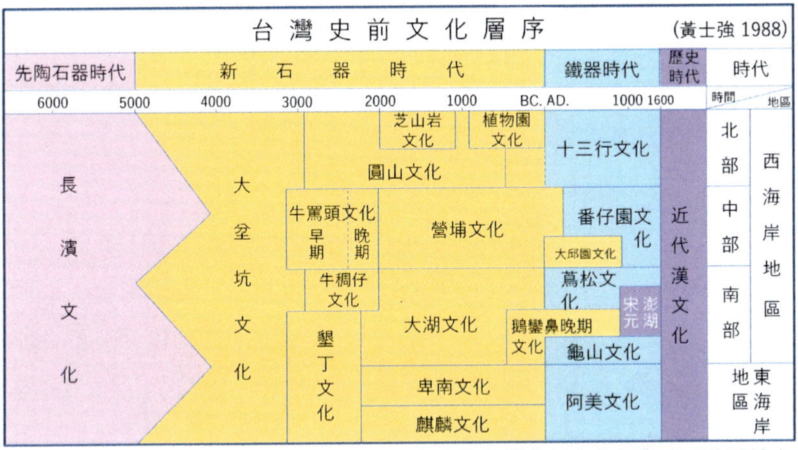

| 台灣史前文化層序 | | | | | | | | (黃士強 1988) | | |
|---|---|---|---|---|---|---|---|---|---|---|

圖2-6　1980年代陳列在台大人類學系標本室的台灣史前文化層序表（改圖繪）

　　入台灣，如他領導的「台灣省濁水溪與大肚溪流域考古調查」（簡稱濁大計畫）便是一個強調人群文化與生態環境有著密切互動關係的考古研究，可說是西方當時盛行之文化生態學在台灣的實踐。雖然最後「濁大計畫」的成果不如期待[22]，不過其結果充實了台灣中部多處考古遺址的基本資料，同時也培養出不少後續的考古研究人員。

　　歸結本時期之台灣考古，主要的從事機構分別有台大考古人類學系與中研院史語所，研究對象亦兩分成台灣考古學與中國安陽殷墟考古，目標則多為文化史的建構。此外，本土的學術性雜誌隨之增加，如台大的《考古人類學刊》、中研院的《歷史語言研究所集刊》、《台灣文獻》、《大陸雜誌》等，大幅開展了台灣考古論文的能見度。

---

[22] 參閱張光直編（1977）對成果之評論。

## （四）成熟期（1980～）

多樣性與專業化是1980年代以來台灣考古的特色，其發展表現於以下四方面。

### 1. 西方新思潮的引入

1980年代前後，台灣考古與西方新思潮的連動更為緊密，其中又以李光周所引入的美洲新考古學最具代表性。李氏最著名的研究，便是以墾丁遺址中的網墜遺物的高變異性說明該村落的男性乃分別來自其他不同村落，以陶器的低變異性說明女性乃長期居住於同村落，繼而推論該地為一個「從母居」的社會[23]。新考古學對於台灣的傳統式研究是一個震撼，台大的「考古人類學系」於1982年改名為「人類學系」與此不無關係[24]。

繼上述，陸續於台灣有民族考古學、認知考古學等新論述的倡導，呈現思想上的多樣，惟實質上的具體成果尚少。傳統上仍以文化歷史學派概念進行的文化史研究占絕對多數。

相對而言，基於自然科學所發展的現代科技應用則大力促成了考古學的日新月異，在台灣常見的「科技考古」至少有碳十四（C14）定年法，或藉器物的質地成分分析探討來源地，或是針

---

[23] 李光周（Li 1981）先假設史前墾丁地區是一個從母居的社會，如果這個假設是對的，那麼應該會有以下現象：因為本村的女性都是從小生長於本地（即使結婚亦不外遷），一起接受了共同的文化環境，所以她們所製造出的器物之間的變異應該比較小；成年男性因為多來自外地（與本地女性結婚後才遷來此），由於過去所接受的文化環境不同，所以他們製造出的器物樣貌勢必不同。對於本假設，再以實際考古出土資料的統計分析做驗證。根據多數民族誌，陶器為女性所做；網墜為男性所做，於是選擇這兩種遺物作為資料樣本。結果發現陶器（女性所做）的變異確實較小；網墜（男性所做）的變異較大。至此確認了本課題之假設的成立。

[24] 原為考古學＋人類學之兩個學科；此後，改將考古學視為廣義人類學的一個分支，強調考古學的目的不是敘述歷史，而是探究文化法則。

對器物製作工藝技術的探討，或古食譜、古生業分析，或利用透地雷達、磁力探勘探查遺址，以花粉分析復原古環境等（陳光祖 2004）。在這類過程中擴展了考古學本身的視野，同時也網羅了其他領域的專家共同進入考古科學的世界。

### 2. 遺址的法規保護

1980 年代初期，關聯台灣考古界的大事件便是政府制定了《文化資產保存法》（簡稱《文資法》），這個法案的產生顯然是呼應當時社會上的本土化運動，其結果導引國民更普遍重視本土價值，增加了文化資產的保護意識。

在考古遺址時時處於大型土地開發工程之威脅下，《文資法》對考古資產的實質保存極為重要。當時最著名的事件便屬台東卑南遺址的搶救，該遺址因受到車站工程的破壞而受到注意，1980 年起台大考古隊於此展開 13 次的搶救發掘，最後更是促成了國家級博物館（國立史前文化博物館）的設立，在台灣考古工作史上留下重要的一頁。

早期的《文資法》內容較為簡要，甚至把考古遺址歸為「古蹟」的一種。雖然藉此，遺址可以受到保護，然而考古學的遺址有自己獨特的性質，無法和其他文化資產一概而論（陳有貝 2003）。故在專業者的呼籲下，政府在 2005 年的修法中終於將考古遺址獨立為一個項目，制定專屬的法規，大幅提高了它的地位。

遺址在今日台灣社會受到的重視程度已是過去無法比擬，舉凡遺址相關的各種措施（包含學術研究或工程影響等）都須根據法律的規範。目前從中央到地方政府都設置有所謂的「遺址審議委員會」，會中聘請專家參與，針對各種遺址問題進行討論與議決。藉由法律化，原本是學術領域專屬的考古遺址，現在也是政府、人民

所要面對與關心的議題。

可以想見未來隨著社會的前進，遺址對我們的意義亦會隨之改變，故法律仍須亦步亦趨的修改適正，以作為當代社會對遺址文資的基礎共識。

### 3. 工程考古

有了1980年代以來的法律作為依據後，因工程開發所需求的考古工作案件遽然大量增加。除有前述的卑南遺址案外，各地區較著名的大規模搶救發掘有如北部的十三行遺址、東北部的淇武蘭遺址、中部的惠來遺址、台南科學園區的遺址群、東部的花崗山遺址、東南部的舊香蘭遺址、最南端的鵝鑾鼻遺址等。搶救之外，因應工程與遺址的相互關係，亦產生各種形式的考古作業，常見如調查評估、鑽探、試掘、監看等，這類工程考古（或稱契約考古）如今已一躍成為台灣考古的最大宗。

此外，包含一般人民的土地使用、住宅興建等同樣也受到文資法律的規範（圖2-7）。社會中突然增加了大量的考古工作，專業的人力也變得非常迫切。以前主要多仰賴各大學、研究院、博物館等學術單位的專業人員，後來則出現了私人考古公司，得以在法律的規範下承攬專案工作，大幅減低學術界的案件壓力。

**圖2-7　考古人員協助民眾解決房屋改建遇到的遺址問題**

站在學術研究的立場，工程考古中的「搶救發掘」帶來了至大的影響。正面效應是：全面性的遺址大規模揭露所帶來的新資料是

前所未見，工程所提供的充裕經費也讓至多研究計畫變得可能，其他如各種專業化的作業或是培育出大量考古人員都是優點。至於反面帶來的負面結果有：因為工程契約性的考古發掘往往受限於時間與其他商業考量，或因追求速度而簡化了發掘過程，或忽略了精確的記錄要求，以及犧牲發掘報告書的完整性等。

工程開發與遺址保存都是現代社會所必需，從而有時無法避免兩者之間的衝突，工程考古則是目前解決這類問題的一個主要辦法。至於它產生的優點、缺點都是未來要積極應對的課題。

### 4. 博物館的興起

考古學相關博物館的大量興建是本階段另一個重要里程碑，這個現象當然和前述對本土文化資產的重視有關。在歷來與考古相關的博物館中，最早為成立於1908年的國立台灣博物館，當時原為總督府的附屬機關，肩負著治理政策推行的功能。本館的性質屬「自然歷史博物館」，至今仍收藏著不少日治早期所採集的考古重要標本。

1948年末，由中國大陸遷移來台以故宮博物院為主的文物在歷經整理改制後，於1965年以「國立故宮博物院」重新開館。內藏以中國歷代宮廷的珍貴典藏為主，由於多數皆是沒有出土資料的傳世品，因此在考古學術研究上的價值較低。此外，1956年開館的「國立歷史博物館」，收藏也多屬中國傳世品[25]，和台灣考古的關係較疏遠。

在學術界還有台大人類學系與中研院史語所設有基於研究目的而收藏、展示的標本陳列室，尤其前者多源自帝大時期的收藏，和台灣考古的發展緊密結合在一起。

---

[25] 本館在1990年代以後亦加入了若干台灣考古工作，性質多屬歷史考古。

1980年代以後，政府對於博物館的增設變得積極。與考古有關者如「國立自然科學博物館」（1988）、「國立台灣史前文化博物館」（2002）、「新北市立十三行博物館」（2003）等相繼成立。

　　「國立自然科學博物館」性質屬自然歷史博物館，組織中的人類學組網羅專門的考古研究人員，近年來尤對於中部地區的考古工作投下很多心力。「國立台灣史前文化博物館」是肇因自卑南遺址的調查發掘、研究與保存所成立的大型考古專業博物館，擁有專業的考古團隊，常從事於花東地區的考古工作，廣域上則以太平洋南島語族議題為研究目標。近年又因在台南科學園區進行了眾多大規模的考古發掘，故於台南當地成立了分館「南科考古館」（2019），成為南部地區考古的重要據點。「新北市立十三行博物館」亦屬考古專業博物館，主要目的為十三行遺址的保存與出土物展示，常年舉辦學術研討與各種民眾活動，在教育推廣方面成效卓著。

　　2011年，「國立台灣歷史博物館」開館，內容沒有忽略應有的史前史部分，雖然占據的分量仍相當有限（尤其相對於漢人歷史），但至少宣示了其為台灣史中不可分割的一頁。

　　2021年，花蓮縣成立了考古博物館（圖2-8），專責縣內的各種考古事務，其中值得一提的是編制有專業考古隊，是繼「台南考古中心」（2018）之後的第二個地方考古隊。地方政府面對著各種考古遺址、遺物的問題，在轄下自設專業的考古團隊無疑是最有效的解決對策，

圖2-8　地方博物館與考古隊是未來方向（花蓮縣考古博物館）

可預期此點必為未來之發展方向。

　　整體而言，台灣從1980年代以來，考古學相關的博物館林立，發展蓬勃。其中若有可再提升之處便是現況似乎多看重於大型博物館，忽略地方性博物館（或文物館、展示室）的發展。如此一來不僅造成各大館間的功能性質重複，重要的是尚有難以結合推廣「土地史」概念之問題。考古遺址存在於地方，遺物出自於鄉土，考古研究也講求本土性、在地性。而小型的地方鄉土博物館反而更能發揮這種理念，值得當局加以重視（圖2-9）。

　　以上，始於19世紀末的台灣考古至今已超過百餘年，從早期個人探險式的調查到今日專業化的契約考古，從原本是學院裡的專家知識轉化成全民的文化資產活動。若還有美中不足，便是台灣社會的考古專職人員數一向偏低。長期以來，台灣僅有一所大學（台灣大學）

**圖2-9　小型鄉土博物館才能結合在地文化（台南隆田）**

設有考古學專業教育，大約自1980年代後期開始，若干大學系所才見逐漸開設考古學相關課程。相對於一個現代社會而言，其比例無疑偏低，導致人才匱乏，這將是我們未來應積極面對解決的問題。

# 第三章
# 考古學的資料

　　考古學的資料主要來自對地下的發掘出土，一般把埋藏於地下之各種與考古研究相關者統稱為「考古遺留」（Archaeological Remains）。

　　凡是發現有考古遺留的地方便稱之為「考古遺址」或簡稱「遺址」[26]；對於考古遺留則再區分為「遺物」、「遺構」、「生態遺存」與「現象」等四個類別。

## 一、考古遺址（Archaeological Site）

　　考古遺址是人類過去行為之遺留的分布所在，理論上凡是有人類活動過的地方一定會留下一些蛛絲馬跡，從而形成一處遺址。當然，實際上這些有形、無形的殘留，有的清楚，有的模糊，不一定能容易地被辨認出來。目前台灣所知道的考古遺址已有2,000處以上，且隨著時間帶來新的發現，這個數目將會不斷的增加。大致而言，愈是重視文化資產的地方，考古遺址的數量也愈多，分布也愈為密集。原因倒不一定是這些國家的歷史悠久、文物豐富，而是他們重視考古研究與文化資產，對此投下更多努力調查的結果。

　　遺址常被視為學術研究上的基本單位，因為通常假設一個遺

---

[26] 學術上常僅稱「遺址」；法規的正式名稱為「考古遺址」。

址是由同一群人的活動所形成[27]，所以遺址內的各種遺留基本上都有著同質的來源，彼此之間可以嵌合解釋。

根據經驗，有不少遺址基本上就是一處古代聚落的遺留（圖3-1），非常符合「一個研究基本單位」的概念。有研究者大力倡導「聚落考古學」，強調可從社會聚落整體的角度拆解出遺址內涵，即是基於這種認知。不過畢竟各個遺址的背後形成因素非常多樣，聚落只是其一（請參閱後述）。各遺址真正指涉的內容還是要經過調查、研究後才能肯定。

圖3-1　古代聚落型的遺址（巴蘭遺址）

「遺址」既然是考古學領域中一個常用的專有名詞，那麼它的功能或代表的內涵意義是什麼？說明如下。

首先，可以把「遺址」兩字的功能視為是一種地點訊息的傳遞。例如當有人說起圓山遺址時，我們便知道對方所指的是位於台北市圓山小丘所在；提到十三行遺址，便知所指為位於淡水河口南岸之某處。

其次，除了用來指稱一處遺留地點外，內容上是否涉及特定意義？例如一個遺址是否代表一處聚落？抑或他種特定的人類活動場所？還是其他？關於這些，我們可以對現今已知的各個遺址資料做個瀏覽，再整合比較找出答案。現況是：占地面積超過數十萬平方公尺之著名的卑南遺址是一個遺址，但只發現一件石斧或一

---

[27] 但這是指遺址中的同個文化層；遺址中的不同地層乃是不同時期人群的遺留堆疊。

件陶片的地點也被認定是一個遺址；卑南遺址的內容有墓葬、聚落建築與工作坊等，如此埋藏豐富也僅是一處遺址，而只有零星幾件遺物的發現也是一處遺址；大坌坑遺址共埋藏有四類以上不同時期的遺留，墾丁遺址只有一個時期的遺留，但兩者都各被視為一處遺址。所以如這樣看來，學術上對於所謂遺址的內涵並沒有嚴格的定義。

若要進一步表達或定義遺址的性質，這時可選擇從人類活動形態的角度將遺址做區分，如稱呼為聚落遺址、墓葬遺址、作坊遺址、古戰場遺址、祭祀遺址、耕地遺址……等。也可以從地理環境的角度區分，稱之為洞穴遺址、沙丘遺址（圖3-2）、平原遺址、丘陵遺址、高山遺址等。此外台灣還有所謂的舊社遺址，意指和近代原住民有緊密關係的聚落遺址。總之，可以在遺址前面再冠上個名稱，藉以更清楚表示出遺址的內涵。

對遺址如何命名？考古學者通常選擇使用遺址所在的最小地名稱之[28]。若後來又在原遺址的附近他處發現考古遺留，而且內容也和原遺址所見類似時，一個方法是更改對原遺址的認知範圍，以涵蓋各處的發現。除此，有時也以某某遺址的第一地點、第二地點……的

圖3-2　沙丘遺址的發掘（龍門舊社遺址）

---

[28] 最常見是以當地居民對該地方的稱呼為名（如圓山遺址、芝山岩遺址、八仙洞遺址），部分或使用行政區名（如卑南遺址、都蘭遺址），或當地標誌物為名（宜蘭農校遺址、左營舊城遺址）。近年，亦有不少改使用原住名的語彙命名（如Satokoay遺址）。

方式分別指稱之。

　　至於遺址的範圍是如何劃定？這主要是根據考古遺留的實際分布狀態，有時再加上一些知識與經驗上的推測，例如自然地形的等高線或山、川等便常被當成遺址範圍推測的參考。故隨著新的發現，遺址的範圍隨時可被修訂。

　　「遺址的範圍」一向是文資行政人員相當關心的項目（詳見本書第十一章），然而無論從學術或現實而言，考古遺留分布的有無之間實在很難存在一條明白的分界線[29]。試著想像：古代某個村落人群實際活動的可及範圍？當然是比現在知道的考古遺址範圍大很多。所以，調查者一般可以指出的僅是遺留分布的大致傾向，知道何處為遺留的密集區，何處為稀疏區，而不是真實存在一個有、無遺留的絕對界線。

　　研究觀念上對於遺址應該也要有一個較彈性的假設。舉個現代的例子想像：某個住在A地的人，上班也許是到B地，吃飯或許在C地，有時要到區公所辦文件，有時要到市場買菜，因此這個人的活動遺留是分散在各地「遺址」。反過來想，這些不同遺址或不同遺留其實都來自同一個人。

　　總之，考古遺址是用來指明人類曾經活動過的區域，而且現實上已發現了埋藏於地下的考古遺留。然而除此之外，它沒有更深一層的界定，它不涉及空間的大小，未考慮時間的長短，也不做性質內容的區別。從正面的角度看待，無非是提醒我們，每個遺址各自不同，當發現了某個遺址之後仍是要經過一番研究，才能真正瞭解其內涵、意義與價值。

---

[29] 除非受到後來人為（土地開發、破壞）或自然（如河川沖蝕、地震斷層）的直接影響，完全移除了部分範圍的考古埋藏，才會出現一條有、無遺留的清楚分界線。

最後是「考古遺址」現在已屬《文資法》的適用對象，但是法律上對遺址的定義和學術上的概念並不完全一致。因為前者（法律定義的遺址）還要考慮到相關行政措施的可行性，以及國民認同、社會共識等現實[30]。

## 二、考古遺留（Archaeological Remains）

學術上把所有有助於考古研究的資料都視為考古遺留，並依其性質從中再區分為遺物、遺構、生態遺存與現象等四個主要類別（圖3-3）。

遺物　遺構
現象　生態遺存

圖3-3　考古遺留的四個類別

---

[30] 關於法律層面的遺址問題，請參閱本書第十章。

## （一）遺物（Artifact）

　　凡是過去人所製造或使用過的器物統稱為遺物。台灣常見的史前遺物如石器、陶器、骨角器、貝器、木器、金屬器、玻璃器等。要判斷田野中採集到的標本是不是一件考古遺物的最常見方法，便是觀察它表面有沒有人為的「製造痕」或「使用痕」。一般而言，只要是屬人為，這些痕跡（製造痕、使用痕）一定會呈現出某種模式或規律性。除此，還有一類是沒有明顯人為痕跡的遺物，但透過人的刻意帶入而出現在原社會，例如是預備用來做成器物的原材料，或是僅作為觀賞目的使用的東西等。這類遺物通常可藉由材質來判別，如在沒有玉礦地區的遺址中發現了玉，那麼很可能就是人群特意帶來的。

　　遺物無疑是遺址中最常見的遺留項目，也是考古研究的主要資料之一。

### 1. 石器

　　石器指以石質材料（廣義上包括如玉、瑪瑙等礦物）製成的器物。由於本類材料隨處可得，而且有硬度上的優點，故遠從人類演化以來，石器一直都是伴隨著人們的重要器物種類。

　　關於考古研究對於石器的判識，一般可從外形、材質、製造痕、使用痕等特徵辨認。首先，由人所製成之石器多有一定的外形選擇，和自然界營力形成的石頭可清楚區分，此點可說是辨識是否為石器的最簡易方法。例如圖3-4所示的石

**圖3-4　有著明確外形的石器**

器都有非常規整的外形，一眼即可確定是人所製造的器物。

其次，「製造痕」指的是人為加工所留下的痕跡。因這種痕跡反映著製造者的有意企圖，故亦常呈現出一定的模式，和自然界隨機碰撞產生的結果不同。舉例如東亞舊石器時期常見的偏鋒砍器，它器物本身或許沒有非常具體、固定的外形或材質，但是可以根據「從一側連續打擊」的加工技術特徵予以斷定（圖3-5），因為在自然性的碰撞中不大可能產生這種規律結果。

「使用痕」為器物使用後所留下的痕跡。伴隨著長期固定的使用行為，通常會留下對應性的痕跡模式。常見莫過於石錘與磨石（圖3-6），其外形可能未曾刻意加工，甚至和一般自然石塊無異，然而因長期以相同方式進行打擊或研磨使用，故易呈現出重複錘擊後的凹面，或研磨後的平滑面。其中若石錘的凹面深陷，有時被稱為「凹石」。

對於多數遺物的研究，方法上的第一步便是「分類」。石器亦不例外，一般多從「製作技術」與「功能目的」等兩面著手。在製作技術方面，最簡要區分為打製與磨製等兩類。如直接的錘擊、砸擊、摔擊，或是間接打擊、押剝等技術都屬打製。「打製」的技術雖然較早被發明

**圖3-5** 有著連續打擊痕特徵的偏鋒砍器

**圖3-6** 沒有特定外形的石器（石錘與磨石）

（始於舊石器時代），但並不一定就是代表較為原始。之所以選擇使用打擊的技術製器常是與石材的性質有關[31]，例如較硬或易碎的石材較適合以打製的方法製成石器，典型如黑曜石、燧石等最適用於壓剝技術。相對上有「磨製」，是晚於打製才發明的石器技術（多始於新石器時代），一般應用於較軟、具韌性及質地均勻的石材，常見如蛇紋岩、安山岩等。

此外，台灣常見的攻石技術還有所謂的「管狀旋截法」或「螺旋鑽法」等穿孔法（圖3-7）。前者可能是使用截斷的竹管，在一端沾上較硬的礦物後，於石材面上反覆加壓旋轉以截斷下圓形的製品；後者是使用具有尖端的工具直接在石材上穿孔，亦可能有複合構件，以增加工具效率。其他，如先磨鋸後再折斷的「鋸崩法」也屬常見等。

從使用功能的角度也是分類、認識石器的好方法。以台灣新石器時代的常見石器為例，大致可區分為農具（打製石鋤、石刀、石鐮、石杵）、漁獵具（網墜、石鏃、槍頭）、工具（石銼、石鑿、石棒、石針、石錘、

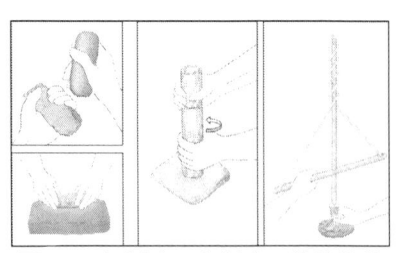

**圖3-7 打製法、磨製法、管狀旋截法、螺旋鑽法**

砥石）、裝飾品（玦、環、珠、管、棒、墜飾），以及如精神儀式用的象徵物或玩具等類。當然，尚有多種石器的功能研究不明（如巴圖形器、靴形石刀），或是同一種石器卻有著多樣的功能。有些石器可能還隨著時空的改變，而有不同的再利用；或是器物本身毀壞後再重新加工利用。值得注意的是有些石器無法以今日的器物做功

---

[31] 所以一定程度的地質礦物知識有助於對石器的研究。

能比擬，必須回歸於原社會的脈絡才能予以理解，這也是採功能分類時須注意之處。

或有研究者選擇從「石材」分類石器，理由是：岩石材料的性質和製作技術、功能使用都息息相關，所以「石材」對古人乃是有意義的選項。如：易解理成長片狀的板岩常被選擇用來製造房子或墓葬等結構；有著粗顆粒的砂岩適合用來做成砥石；硬而易碎的石英適合做成銳利的尖器；帶有美麗花紋的玉或蛇紋岩則用來做成裝飾品。不過，從事考古研究不能忽視的仍是古代人的視點，向來諸多跡象顯示，古代人對於石材的概念和我們今日對礦石的科學分類並不完全對應，一個著稱的例子便是「玉」的概念。例如古代漢人文化口中所稱的「玉」乃指「美石」，即凡是美麗的石頭便歸類稱之為「玉」，這和現代地質學根據礦物成分所定義的玉是完全不同。換言之，現代科學的岩石分類只能作為參考，不能作為區分古代器物的絕對唯一標準。

石器被人類使用已超過200萬年之久，在各個地區、各個時代有著不同的表現。若是從整體人類技術的進展歷程來看，石器的變化速度是相對緩慢。人類文化在進入有金屬的時代之後，石器的數量與重要性急遽減低，主要因為金屬可以更自由地被塑造成形，尤能製造出有效率的銳利邊緣，這個優點讓金屬器迅速取代了多數的石器。

2. 陶器

陶器是新石器時代的一項重要標誌。陶器是如何被發明？在全球各個地區有不同的成因，一般而言不外乎是來自「泥土經火燒後產生硬化現象」的經驗與知識應用。各種陶質製品中最常見的種類是為容器，要製作一件陶容器需要經過以下幾道一定的程序。

首先是製陶黏土之材料的取得。黏土一般來自岩石風化後的堆積，但作為燒陶用的理想黏土還必需要有更緻密的質地，這類土質通常是經河水的再搬移與沖積淘選而成，故常會出現於溪流河川地形之附近。

　　人類取得黏土之後，可用「沉澱法」或「乾燥法」去除土中的雜質，前者是將黏土先泡水溶解後再取其純淨的沉澱土；後者是將黏土乾燥後粉碎，再挑揀，除去雜質。下一個步驟是反覆的揉捏，即所謂的「練土」，以提高土性黏力。接著為塑形，常見的方法有手捏法、模製法、泥條盤築法、輪製法等。其中的泥條盤築法是先把陶土搓成長條狀，再層層向上圈繞出容器的基本形態（圖3-8），再拍整器表而成，這是台灣史前時代很常見的製陶成形技術。輪製法則是利用輪盤旋轉時所產生的離心力將陶土拉坯成形，可以做出較細緻工整的圓體器形，被視為是較進一步的製陶技術[32]。初步的陶胚完成之後需要先將陶土陰乾，再進行燒製，一般有窯燒法或露天燒法[33]，只要溫度超過攝氏約500度左右，天然的陶土將產生不可逆的化學反應變化成堅硬的陶器。

圖3-8　泥條盤築法與原住民的製陶（照片：台灣大學人類學博物館提供）

　　如上，陶容器製作的基本工序包括了取土、篩選、練土、塑

---

[32] 輪盤的轉動必須達到一定的速度才能產生足夠力量以順利拉坯，此為「輪製」；轉速不足時僅能利用來做陶胚的表面修整，技術上稱為「輪修」。史前台灣沒有陶器輪製技術，可能有輪修技術。
[33] 史前台灣只有露天燒法，沒有窯燒法。

形、陰乾與燒成等，藉此將自然界的泥土徹底變成人類文化裡的陶器。

進一步，在陶容器的製造過程中尚可以因應各種功能目的做出變化。例如，成形的陶坯在陰乾與燒製的過程中都會縮小一定的比例，所以如果在陶土中加入適當的摻和料，讓材質保持某些彈性，便能防止因為熱漲冷縮所導致的破裂，增加陶器燒成的機率；或是在器表刻印出花紋或塗上顏料，則可以表現出特有的風格，展現時代的審美觀（圖3-9）。

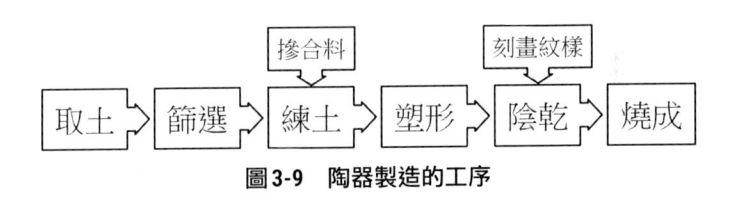

取土 → 篩選 → 練土 → 塑形 → 陰乾 → 燒成
（練土上方：摻合料；陰乾上方：刻畫紋樣）

**圖3-9　陶器製造的工序**

考古學對於加有摻和料的陶器稱為「夾砂陶」，這種陶質具透水性，因此具保溫的功能，適合用來當作煮炊的容器。反之，如果是要用來儲存水酒等液體，便要減少摻和料以保有緻密的陶器質地，防止滲水，考古上之稱為「泥質陶」。但純粹的泥質陶器卻會有燒製時容易破裂的問題，所以器體一般只能較小。為了一併解決可以「儲存液體」又有「較大容量」，於是便有在夾砂陶的器表上塗抹一層泥的處理方式。另外，有時為了生成陶器外表的特定顏色，而調整不同的燒製溫度與技術。

總之，製作者通常在陶容器製作前便對其未來的使用功能有一定的預設，故會在基本的製程中再增減適當的工序。

在考古研究中，陶容器非常受到重視，基本理由可歸納有以下兩點：

1. 從功能的角度,陶容器無疑是史前人生活中的重要器物,尤其作為食物的炊煮處理用具,和飲食行為文化息息相關。此外,它也是儲存的器皿,或是承裝搬運物資的用具。世界各地的史前墓葬中都經常發現將陶容器當成陪葬品,顯見它在人類社會文化中的重要性與意義。
2. 在風格表現方面,因陶容器的材質便於自由塑形(石器相對不易),故可敏感地反映製作者的思維,或表現出不同社會與時空的文化特色。舉例如「三足器」便是一種流行於史前大陸中原地區的風格,出了這個文化圈,便少看到這種形態[34]。或者如刻劃著連續性的人形紋樣、蛇紋樣的陶器就是台灣三和文化的風格特色等(圖3-10)。

**圖3-10　很富風格個性的紋飾表現(人紋與蛇紋)**

　　無論在功能性或風格面,陶容器都常展現出高度的對應。而且,還因為在實際使用時,陶容器本體容易碎裂,毀壞後也能再度迅速生產,足以細緻、敏感地反映出各個時間點上的特色,從而陶容器成為考古學家從事古代研究時最重視的物質資料之一。世界各地的考古遺址經常出土非常多破碎的陶器片,而研究者們皆花費極

---

[34] 若圈外有這類器形,便可能是受到文化傳播的影響,如台灣西海岸亦見少數。

大的精力加以收集、記錄、整理、復原、分析，其原因即在此。

以陶質製成的器物除了容器之外，其他常見尚有紡輪、陶偶等，前者是利用旋轉時的離心力將纖維原料扭緊成為線繩的工具，直到晚近住民都仍有使用，是各地人類文化的普同性產物；後者指以陶土捏塑燒成的各種動物（含人）形象，通常富含著精神層次的象徵意義。如一些動物陶偶可能和畜養興旺的祈求有關（圖3-11）；日本繩文時代的陶製人偶極為著名，充分展現出史前人的美感或宗教意涵。

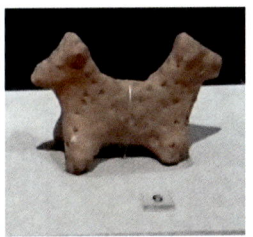

圖3-11　動物陶偶（國立台灣史前文化博物館）

### 3. 其他遺物

利用動物的骨骼、角、牙等材質製成的器物通稱為骨角器，實用上多為小型帶尖的用具，如魚鉤、箭頭、魚叉等。裝飾類用品也常見以骨角器磨製而成，如梳子、簪、環、玦、珠與各種墜飾、組件等。

骨角器的利用遠從舊石器時代開始即無間斷，如台灣最早的骨角器見於八仙洞、龍坑等舊石器時代遺址，歷經新石器、鐵器時代，到了近代的原住民仍保有很多骨角製成的裝飾品。尤值得一提的是：到了有金屬器之後，石器減少了，但骨角器似乎變得更為精緻發達。觀察此時期的骨角器常可見到細微的加工痕跡，即是利用

金屬具加工的結果（圖3-12）。

貝器是環海洋地區文化的普遍特色，貝殼有著堅硬的質地以及雪白美麗的外表紋樣，故常被選擇做成各種工具、生活用品與裝飾品等。如我們近鄰的琉球列島便是以「貝」聞名，研究者指出古代的琉球居

圖3-12　表面有著精緻雕刻的骨角器（南科國小遺址）

民選擇美麗的貝殼品作為與日本本島交易的資源，這條基於貿易形成的「貝之道」[35] 深深牽動著琉球島嶼的文化發展形態。貝殼的特殊材質對於人類可能富有相當大的吸引力，即使生活在不靠海的內陸族群都呈現出對貝製品的愛好，無論從考古遺址或是現代原住民資料都有不少例證（圖3-13）。

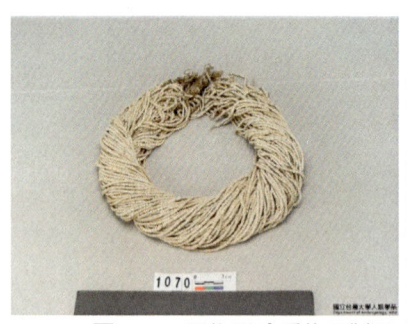

圖3-13　原住民珍愛的貝製品（台灣大學人類學博物館提供）

一般認為木器的發生年代應該極古老，只因木質材料不易長期留存，所以才較難有實證直接呈現遠古木器的存在與形態。不過至少在新石器時代以來，木器即是非常普遍的器物種類，只要發現

---

[35] 請參閱木下尚子（1996）。

保存條件較佳的遺址[36]，通常便會伴隨出土多量的木器。同樣在金屬器時代以後，因金屬工具可對木材進行非常有效率的加工，木器之數量與種類皆大幅增加。木材質的來源豐富，加工又容易，在生活中的應用也相對多樣，如非烹煮用的容器、飲食具、工藝品、裝飾品及各種構件組件等。整體而言，台灣史前遺址所發現的木器總量雖然不多，但出土極多加工木器用的「石錛」，可以間接說明當時對木材的廣泛利用。

　　史前的金屬器以青銅器與鐵器最常見，兩者都取材自自然界中的礦物。古代青銅器的煉製溫度可能在1,000度前後；煉鐵可能近1,500度。製造這類器物的方法主要有鑄造法與鍛打法等兩種，前者是將燒溶化的金屬液體灌注於模具中（圖3-14），待冷卻後取出成品；後者是採取反覆錘打成器的方法。金屬器兼有陶器所缺乏的「堅硬」性質，以及石器所缺乏的「自由塑形」的優點（表3-1）。

圖3-14　史前製造金屬用的鑄模（舊香蘭遺址，國立史前文化博物館提供）

表 3-1　各種材質原料的優缺點

| 材質／性質 | 木器 | 石器 | 陶器 | 金屬器 |
|---|---|---|---|---|
| 塑形 | △ | × | ○ | ○ |
| 堅硬 | △ | ○ | × | ○ |
| 製造溫度 | 無 | 無 | 低溫 | 高溫 |

---

[36] 通常環境穩定，變動少，對有機質的保存條件愈佳，如水中、沙漠。以台灣而言，如地下水面較高的芝山岩遺址，或埋藏於河中的淇武蘭遺址才能保留下豐富的木質器物。

所以一旦金屬器出現後便對社會產生極大的衝擊，如東亞地區的中國文明便是和銅錫合金的青銅器緊緊相扣[37]。台灣位居青銅文明之範圍外，主要僅有鐵器，及少數銅器與其他金屬，但僅鐵器一項對於當時社會的影響便不遜於他。相對於其他如陶、石等材料的性質，可以「融化再製」亦是金屬的一大特點，這也使得金屬材料本身在當地社會即有其意義與價值。

　　玻璃器亦是選用礦物燒製而成，推估古代的冶煉溫度可能和鐵器相當。傳統上曾把某些較不透明且具有多種色彩者稱為「琉璃」，現在研究則多統稱為「玻璃」。玻璃的質地晶瑩，清透美麗，多製成裝飾品一類的器物，曾是古代風行世界的流行品。研究者一般藉由玻璃的礦物成分與製作技法的分析來推定玻璃的製造產地，以研究當時的世界貿易。台灣的史前玻璃主要出土於鐵器時代遺址（少數稍早），常見種類如珠、環、玦等。又根據民族誌的調查研究，玻璃（琉璃）珠在原住民社會中具有特殊的文化意涵，而不僅只是個美麗的裝飾品[38]。

## （二）遺構（Structure）

　　在各種人造物中，有些體積龐大，無法輕易移動，而且通常是組合成一個整體才具意義，這類遺留可統稱為遺構[39]。例如一座城牆中的每件磚塊都是遺物，但組合起來的城牆便成了遺構，意義和個別的遺物已經不同。一座房子也是個遺構，構築房子的各個牆板等物件則是遺物。

---

[37] 青銅器在中國文明中的地位請參閱張光直（1983，1990）。
[38] 如排灣族的某些玻璃珠（琉璃珠）乃是祭儀用品，並呈現家族地位。
[39] 台灣考古學早期多翻譯為「結構」、「構造」；大致從2000年起，仿借日文用語，改稱為「遺構」。另有「遺跡」一詞，非屬學術專用語，指的內容大致含「遺構」＋「現象」。

史前台灣的遺構以各種建築物、墓葬與巨石等最多見。

1. 建築物

房屋是最常見的結構物之一。早期的人類可能多利用洞穴或岩蔭以遮蔽風雨，後來才逐漸在平地上搭起棚架，並進一步發展為各式結構建築，大幅擴展了對環境適應的能力。如台灣舊石器時代遺址目前僅見於洞穴（八仙洞遺址、小馬海蝕洞遺址、小馬龍坑遺址）及岩蔭（鵝鑾鼻遺址、龍坑遺址）；新石器時代便出現各種地面上的房屋建築，甚至組成了聚落。最著名的發現如距今約3,000年前的卑南遺址便有著排列有序的板岩家屋建築；位於河邊的淇武蘭遺址則屬架高於平地的杆欄式家屋建築；山林裡還有各種形態的石板屋。大致而言，這些房屋建築的形式多和所處當地的自然環境有關。

房屋建築的形態是否也因族群文化而異？理論與實際資料看來，似乎應該如此。如家屋內的格局便和家族制度不無關係，母系社會的房間設計不同於父系社會，核心家庭的住屋格局也和傳統大家庭不會相同。進一步，由家屋所構成的聚落形態也和社會的組織結構或生活方式相對應，如狩獵、漁業及農業社會的村落樣貌當然不同。因此建築遺構的資料除了能反映自然環境外，對於社會、家族的組織制度等相關研究亦具重要性。

史前房屋建築多以石、木等材料構成，因材質相對堅固、體積大，容易留存，在發掘當下的辨識上並不困難（圖3-15）。問題多在於建築傾倒後便失去原有的結構關係，在復原工作上相當不

圖3-15　史前的房屋遺構（芳寮遺址）

易,一般可參考相關民族誌的房屋形態。幸好在台灣有為數眾多的原住民紀錄資料,對於古代家屋、聚落的復原與研究極有助益。

## 2. 墓葬

埋葬行為和人類的精神意識密切關聯,相對較物質文化的變遷慢,屬社會中較穩定的變項,故常被用來當成辨別不同族群與文化的基準。考古學所言的「墓葬」是埋葬行為的產物統稱,內容包括了葬具、人骨、陪葬品等,組合起來成為一類墓葬遺構(圖3-16)。

**圖3-16 考古發掘出土的墓葬(仰身直肢葬)與陪葬品**

墓葬是生者對於死者的一種文化處置行為,所以它一方面可呈現出死者個人的特質外,同時也是生者面對社會層面上的一種展現(如表現孝心或展現財富)。考古研究極重視墓葬資料,原因可歸納如下:

(1) 在田野實務上,墓葬常有著固定的結構範圍(如棺具),對遺留的保存有較佳的效果,而且發掘者容易集中注意力於出土對象,完整且細緻地發掘出各種墓葬遺留。

(2) 在研究分析方面,墓葬是為一個獨立與完整的遺留單位,其內部的各種組成(葬具、人骨與陪葬品)之間具相關性。例如,一旦墓葬的埋藏年代或其他性質(如死者身分)被確立,即可藉這份資料延伸判斷至其他的組成遺留。同理,多種類的組成遺留亦有助於從不同角度進行墓葬的推定研究。總之,墓葬由幾種不同類別、彼此相關的遺留共同構成一種行為意義,在研

(3) 理論上,墓葬是人類社會中較偏重於精神層次的體現,涉及了思想、信仰、風俗或祭祀等面向,和族群的文化傳統特質有較直接的關聯。這對於多僅能以物質探索的考古研究而言,明顯更加珍貴。

墓葬包含的葬具、人骨與陪葬品等三項要素,說明如下。

葬具的定義包括墓碑、標誌,以及裝納死者的各種棺具(含槨)。史前時代沒有文字墓碑,但不乏見使用某些物件作為墓葬的標誌,如台灣的淇武蘭遺址在早期棺具上方常見有大型卵石作為標誌(圖3-17)。

墓葬中亦不一定有棺,僅挖土坑埋葬死者而無棺具者稱為土坑墓。有棺者,其材質常見石質(石棺)、木質(木棺)與陶質(甕棺)等。石棺在史前台灣極普遍,有以板岩或珊瑚礁石灰岩構成的「組合型石板棺」,或是砂岩組成的「方形石棺」[40]。木

圖3-17 墓葬上方的石塊標誌(淇武蘭遺址)

棺在史前台灣發現較少,原因可能與木材質易腐化不易留存有關,但少數跡象顯示最早或可追溯到距今約5,000年前的新石器時代早期(臧振華等2006)。到了史前晚期有略多具體的木質棺具發現,如淇武蘭遺址。新石器時代以來,陶質的甕棺亦屬常見,史前的日本可見以相當大的陶甕直接裝納死者,史前台灣則是以幼兒甕棺為主。

---

[40] 兩種棺具模式清楚不同,組合型石棺之死者為躺臥姿,多見於史前時期;方形石棺的死者是蹲坐姿,僅見於晚近數百年以來,尤和舊社遺址、原住民有關。

另外在現代漢人的習俗中有所謂「撿骨、洗骨」的風俗，這是將土葬數年後的人骨重新挖出，整理後再置入陶甕中，亦被歸納為甕棺葬之一類，惟不是史前台灣的常見模式（圖3-18）。

**圖3-18　組合型石板棺、方形石棺、甕棺**

　　於人骨研究方面，基本有「葬姿」與「葬制」等兩概念。「葬姿」指死者被埋葬時的姿勢，此點可藉由人骨的出土狀態推測得知，如台灣常見有仰身直肢葬、側身屈肢葬、俯身葬（圖3-19）、蹲踞葬等。這些不同的埋葬姿勢反映著不同時空的人群風俗。所謂「葬制」指的是與埋葬行為相關的制度，例如從次數而言，「一次葬」指的是只埋葬一次就不再改換；「二次葬」是埋葬經過某些時日後，再重新挖出人骨收納或埋葬。從埋葬人數而言，「個體葬」指的是同一葬具只埋葬一人；「複體葬」是同一個葬具重複使用，埋葬多人，如卑南遺址若干石棺墓即屬複體葬[41]；另有所謂的「合葬」，則是將多人同時間一起埋葬，其原

**圖3-19　側身屈肢葬與俯身葬（三寶埤遺址）**

---

[41] 該過程為：最初有人死去時採用棺內埋葬，而當日後再有他人逝世時，便挖開原棺，將死者再置入同一棺中埋葬，如此反覆使用同一棺具。

因通常是多人共同死亡或殉葬行為所致。就埋葬場所而言,有些埋於室外,或集中形成墓地;有些埋於屋內,稱「室內葬」,有不少近代台灣原住民即採這種葬法。

以上是文化面向的人骨研究。此外亦能從體質人類學的方法入手,如對死者的年齡、性別、身高等做判斷,這部分也是一般的考古學者所必須擁有的人骨基本知識。進一步,則可根據人骨的某些特定現象推知當時的生理狀態或疾病(如生產、齲齒、關節炎等),或若干特殊風俗行為(如台灣常見的拔牙、吃檳榔等)。更偏向自然科技領域的生物人類學者能藉由儀器進行如DNA、同位素的分析,前者可作為推斷人或族群之間親疏遠近的資料;後者多可用來推斷古環境或古人類的飲食偏向。

陪葬品在意義上包含兩類,一類為原屬於死者個人所有物,以裝飾品最常見;另一類是生者給予死者的送葬禮物,兩者的實際意義不完全相同。

陪葬品常常可以反映出死者的職業、身分與地位等,例如對於農人身分可能給予農具當陪葬,對獵人可能給予獵具,對漁夫給漁具等。死者身分地位的高低不同,所屬陪葬品的豐盛程度亦有差異,除了可能反映在陪葬品的數量多寡外,物品本身的意義或價值的高低有時更具代表性。歷來研究者也常根據陪葬品資料推論古代的社會狀態,例如在中國考古學中,同個墓地中各個墓葬所屬陪葬品的數量或品質如果大致相同,便推論為共產社會。反之,如果是參差不齊,便代表是一個財富不均的私有(或階級)社會。此外,如果男女陪葬品有別,便是男女性別分工社會;陪葬品的種類若各屬死者之生前專職,便是一個專業分工的社會。

如上,墓葬的特有性質使它得以成為探索古代的族群、文化

風俗與社會制度的利器。

### 3. 巨石、作坊與其他

巨石的原義指大型的人為加工石造物，幾乎在世界各地都可見分布，有名者如復活節島的巨石像、英國的巨石陣，或是東北亞的支石墓等。因多數巨石的源流、形態有別，所以這應是一種人類文化的普同性表現。

世界各地巨石的實際功能雖然不明，但初步多認為應與宗教祭祀或精神層面的活動有關，例如為祈求農、漁、獵的豐收，因應而生各種祭祀活動之象徵物。正因為其價值與意義並不在於「實用性」，人類才願意付出「非對等、非合理」的巨大勞力代價，加工打造這類巨大石造物，滿足精神上之需求。

在台灣考古學中所稱的「巨石」主要指分布在花東地區之單石、石像、石輪、石牆、石柱、岩棺等人為石造物（圖3-20）[42]。在這類遺址中，上述各種的巨石元素經常交叉複合出現，代表它們都是來自同一群人或文化的製造物，故一般將之統稱為巨石文化。有趣的是目前在台灣島以外地區極少看到類似的巨石，所以推定乃是源自台灣的獨有產物。

作坊是古代製作各種器物的相關設施結構，如石器作坊、玉

**圖3-20　左：石輪與單石；中：岩棺；右：石柱**

---

[42] 關於台灣各種巨石的功能研究請參閱陳有貝（2016）。

器作坊、金屬器作坊等。一處作坊中除了有遺構本體外，通常還可見到製作產品的原料、半成品、成品與產出的廢棄物等。台灣著名的發現如十三行遺址的煉鐵作坊遺構。另在花蓮的坪林遺址上散布著各種玉器加工過程的產物；或是澎湖的南港遺址散布有石器的製程產物，也可視為作坊遺址（可惜較無具體遺構發現）。

　　透過作坊的資料研究，可以復原古代工藝技術，甚至進一步推論這種工藝複合體的文化來源。工藝技術是文化發展過程中作用相當深刻的一項，有時扮演著衝擊傳統、改變文化、創造未來的關鍵性角色，這是從事古代作坊研究的重要意義。

　　另外還有一些尚不知道功能與意義的遺構，如圖3-21是由100多件石塊所排列組成，從其出土脈絡或參考文獻皆無法復知。然而由各個石塊都被堆砌地極為整齊緻密的現象，推測它必是一處當時很被看重的空間。

圖3-21　不知功能但似有重要意義的遺構（淇武蘭遺址）

## （三）生態遺存（Ecofact）

　　自然界有許多遺留對於考古研究極有助益，常見如動物骨角、貝殼，或植物的種子、花粉、矽酸體等，考古學對這類自然性的生物遺留（包含人骨）統稱為生態遺存。

　　研究生態遺存最直接的意義之一便是幫助我們認識過去的環境。因為不同的自然環境涵養出不同的生物樣相，反向，利用考古所發現的生物種類便可以回推古代的環境。例如從遺址出土的動植物種類推測過去氣候的冷熱乾溼，或是所處的環境狀態是森林、沼

澤、草原、沙漠還是海邊。古環境先得以建立，才有進入下一步生態考古學研究的可能。

　　生態遺存的第二個功用在古代人類的生業研究，最直接便是知道當時人的飲食對象，並可透過生物種類的數量統計，復原各種食物的比例組合。進一步，或是從動、植物的品種分析探索人類對動物馴養、植物栽培的技術發展過程，如古代人如何將野豬豢養育種成家豬，或將野生稻馴化成人工栽培稻等。針對這個領域，於是有動物考古學或植物考古學的發展，這類的研究者除了善於利用殘留鑑定生物品種外，對於人類文化面的掌握也是不可或缺[43]。

　　無論是生態環境或是飲食生業的研究，兩者都和人類文化的發展有著密切關係。前者可以說是解釋文化形成的重要變因；後者是作為文化適應之產物。生態遺存雖然不是人為的「物」，但在認識、理解人與文化上占有重要的地位。

## （四）現象（Feature）

　　因人為活動所留下的非自然性痕跡在考古學中稱為現象。即由人為活動所造成，但已無實體存留物，常見如煮食所在的火塘（灶址）、堆積垃圾的灰坑、建築結構中之木柱所留下的柱洞、人的腳印，甚至在陶器上留下的指紋等。這類現象會在地層中表現出不一樣的土壤質地，可以透過仔細的發掘而確認。

　　上述的「火塘」是古代生火煮烤與取暖之處，常和住屋遺構關係密切。火塘中常一併出現火燒後的碳粒與相關生態遺存，四周的石塊也會有燒紅的痕跡，一般稱火燒石。在花蓮若干遺址曾發現很

---

[43] 自然界原本以對環境適應之優勝劣敗為原則，人工培育則是以人類文化面的喜惡來抉擇。

多火燒石集中出現,被推測可能是古代「石煮法」的遺留[44]。

「灰坑」多為古代的垃圾坑,容納著史前人生活中的各種丟棄物。其中除了常見可提供C14年代測定的碳粒遺留外,也出土當時人的吃食殘餘,以及生活中使用後的廢棄物,內含資訊豐富又多樣,被認為是考古資料的寶庫。台灣的考古發掘經常可發現灰坑,較大者的面積有2～3公尺長寬,深度達1公尺以上。另有古代的水井,在廢棄後亦常被當成灰坑使用(圖3-22)。

「柱洞」是古代建築埋於地下的木柱於腐爛後所遺下的痕跡,柱洞的大小與分布是推測古代住屋形態與格局的重要線索。在台北市芝山岩小山丘的岩盤上有些深約10～20公分凹洞,因為這些坑洞的分布位置有序(如整體排列呈現方形、圓形),因此判斷不

圖3-22 考古發掘出土的古代灰坑(石橋遺址)與水井(許秀才遺址)

---

[44] 在地面上先挖掘一坑,加入水與食物,再將火燒加熱後的石塊放入坑中,藉由其釋出的熱度將水沸騰,煮熟食物,稱為石煮法。亦可見於近代原住民。

是天然形成,而是古代人群有意挖掘用來安置屋柱的「柱洞」(圖3-23)。

人類在採食貝類後常將剩餘的貝殼丟棄成堆,經長時間埋入地下後便成為考古學所稱之「貝塚」。對於考古埋藏,貝塚提供一個極為有利的環境條件,主要因為貝殼裡的碳酸鈣成分可以透過雨水的侵蝕溶解,滲入至各種生物遺留體內,有助於有機體的硬化保存。因此在貝塚(同樣如石灰岩洞穴)中較易發現各種動、植物性的遺存。過去在台北市的圓山遺址的貝塚堆中甚至還曾出土多具的人骨(石璋如1954)。

**圖3-23 排列有序的古代柱洞(芝山岩遺址)**

貝塚也是進行考古野外調查時的一項重要指標。因為如果於陸地上發現貝殼,那麼第一種可能為它是古代海水域的殘留結果,所以只要測定知道了貝殼的死亡年代(利用C14測年)便可復原古老的海岸線。如地質學者便曾據此推論台灣西南平原的海陸相對變遷(林朝棨1960),此成果常被考古學者引用,以理解古代村落(遺址)的位置所在。

其次的可能為:會出現在陸地上的貝殼若不是因過去海水面變化所造成,那麼便是人為採食後丟棄的結果,所以在進行田野調查時只要發現白色顯眼的貝殼,便很有可能在附近找到相關的考古遺址(古代村落)。

人類將貝殼集中丟棄處理的行為在近代村落也普遍存在(圖

3-24），原因或許是貝殼有著銳利的外緣，若隨意丟棄勢必對日常的行走活動造成不便。古代人應該也是基於這樣的理由吧！

以上所列之遺物、遺構、生態遺存與現象的四項類別區分只是便於研究者對於考古資料對象的整理掌握，並非它們於理論上有特別的性質差異。而且各類別間的界線也非完全絕對：一個考古遺留本身可能同時分屬不同類別，例如木器或骨器在意義上是一種遺物，但材料性質上卻是生態遺存（圖3-25）；一座城牆是個遺構，但分開來的各件磚頭便是遺物；台灣巨石文化中的石輪、單石、岩棺等在定義上似乎介於遺物與遺構之間。又如一個墓葬遺構或是火塘現象、貝塚現象，內容都可能複合包含著多種遺物與生態遺存等。

圖3-24　現代村落的貝殼堆

隨著自然科技的進步，考古研究能處理分析的材料範圍也愈來愈廣，一些原本不在考古「遺留」定義裡的對象（如自然礦物、

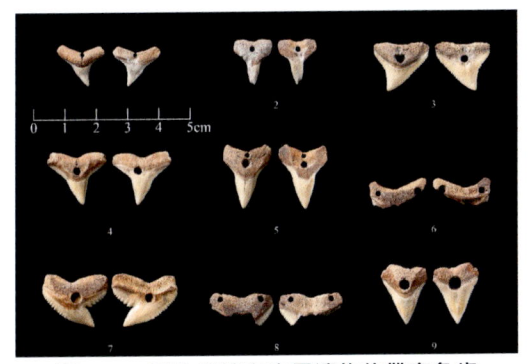

圖3-25　是生態遺存也是遺物的帶穿魚齒

土壤），漸漸地也被使用於研究中。土壤中的磷含量分析即是一例，它的原理是生物體中多數含有豐富的磷，這些會因為生物在土地上的活動或死亡而滲埋入地下，因此測出土壤中含磷元素的多寡有助於判別遺址中的生物活動頻率。典型如動物的排泄將會造成該區含磷量的增高，故藉由分析遺址內土壤極高的含磷量將有助於推測動物圈養的行為與位置所在。

總之，利用遺留分類的概念來幫助我們梳理、掌握，或避免遺漏各種考古資料，而不是因這個制式分類反而限制我們。凡有助於考古研究，任何形態的殘留都應該被加以利用。

## 三、脈絡（Context）

關於考古學稱的「脈絡」，簡單的說便是指各種遺留間的彼此關係。例如，某件箭頭是出現於某具人骨內；某些器物是並排出土；某些遺留是出土在墓葬、灰坑；某火塘的位置是在房屋結構內或外等。這些表現在空間上的脈絡關係除了可反映出遺留的功能或意義外，也包括時間上的相同或早晚訊息。

因為考古學不是鑽研古器物，乃是強調藉遺留探索其背後隱藏的文化意義，而這層訊息便得靠著「脈絡」關係去揭露。舉例而言，對於一件沒有出土資料的陶罐器物，我們只能根據現有經驗去推測它的功能、意義。但若是有出土時的脈絡關係提供參考訊息，我們便能更精準掌握其性質用意。假若一件陶罐是出自墓葬，便可解讀它的意義為陪葬品；如果是出自一般文化層，則推測為生活上的實用品（圖3-26）。一件箭頭若是出自動物身上，那麼它的功能應是件打獵用的獵具；如果出自人骨內部那麼就是爭戰用的武器；出自墓葬便是屬精神層次的陪葬品。「脈絡」成了決定上述器物之

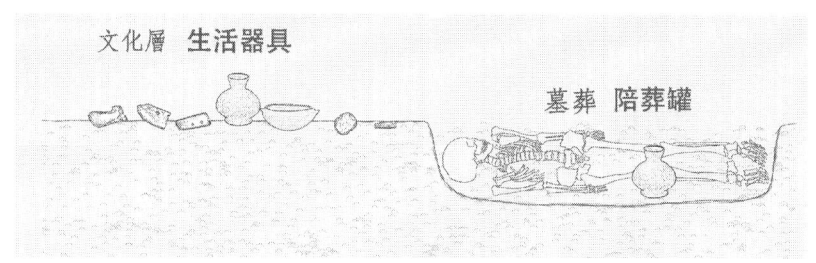

圖3-26　從陶罐的出土脈絡決定它的功能

功能與意義的關鍵。

　　有些脈絡關係則是反映出時間、年代上的線索。例如脈絡上有所謂的「共伴關係」，指的是在古代某個相同時間點一起被埋入的遺留間關係，如一個墓葬中的同組陪葬品必定是同時間被埋入，所以這組陪葬品之間便是具有共伴關係。具有如此關係，代表著它們（同組陪葬品）很可能曾經共同流行在過去某段時期（詳見本書第五章之三：類型學）。

　　其他如「打破關係」，常見為兩組遺構或現象彼此有部分相壓疊，如上方的墓葬打破（或壓疊）下方墓葬的一部分，或是上方的灰坑打破（或壓疊）下方的灰坑等。根據這層關係可斷定彼此年代的早晚，被打破者年代早，打破對方者的年代晚（詳見本書第五章之二：層位學）。

　　既然研究上重視「脈絡」，考古學家在從事遺址發掘時，便不能把注意力只放在遺留本身，而是要隨時注意遺留的出土空間位置與相互關係。他必須仔細地觀察與記錄各種可能有用的情報，盡最大可能留下完整的資料。過去對卑南遺址曾有個意見指出，當時人在死後是施行埋於家屋中的室內葬，研究者提出的證據便是地層上方的住屋結構和下方的墓葬在方向與位置上有著對應的關係。看來在發掘過程中，即使是一件外表平凡無奇，也沒有人工痕跡的石

頭，作為一位考古學家也不能輕易放過，因為該下方或許就有一座墓葬，這時那塊石頭不就是這座墓葬的重要標誌物！

## 四、考古學文化

欲將考古資料研究的所得成果轉變成對古代文化的敘述時，過程中需要引入一個中介的學術概念，如「樣相」（Phase）或「文化」（Culture），台灣考古學使用的名稱則為「考古學文化」，並常簡稱為某某「文化」，如長濱文化、圓山文化、蔦松文化等。

一般，研究者們將田野資料分類歸納後，集結某些重要遺留特徵以作為一個群體組合的代表，再配合它時空上的分布，給予名稱劃定成一個考古學文化。這個考古學文化一方面是研究過程中的一個階段性目標，另方面也是指導進行下一步研究的基礎[45]。台灣史前史的內容便是靠著這樣的模式建構而成[46]。

但是也要注意的是「考古學文化」雖然在學界廣為通用，然而對於它的概念卻仍未統一。學術上，我們可以相信每個研究者在使用這個名詞時，應該都深切知道他（對考古學文化）所認定的意義為何，但卻沒有辦法保證其他研究者皆有相同的認知。所以對於群眾，研究者有必要清楚告知他對考古學文化所採的定義，如此才能清楚傳導所指述的史前文化內容。

那麼，目前研究者對於自己所稱的考古學文化有哪些認知呢？大致統合而言，有「器物組合」、「生活方式」、「族群民族」等不同的定義。所謂「器物組合」，便是指所言的考古學文化純粹

---

[45] 不少考古學家熱衷於考古學文化的組織與建立，所以說它是一個研究目標；同時再藉由對各個考古學文化的疑問與反省，重新精進研究。

[46] 如，考古學家對台灣南部的史前史的認識與表達方式是：該地歷經了大坌坑文化、牛稠仔文化、大湖文化、蔦松文化等，可參見圖2-6。

僅代表若干器物（或特徵）所組成的集合；「生活方式」，指考古學文化代表的是某種生活形態模式；「族群」，指考古學文化等於某個族群或俗稱的民族。

採「器物組合」定義的優點是在研究上容易明確操作，缺點是它說明的僅是一種物質發展史，因考古學終究不能止於器物的說明，所以在進一步討論人或文化的相關議題時，便不能以考古學文化直接引述。若是採取「族群」的定義，表面上是一個不錯的理想，便於直接轉述成一般人容易理解的歷史，但在實際的操作上得先將考古原始資料轉化成實質的族群涵義，這一步並非容易。無論採「器物組合」或「族群」，前提便是應該明確告知。不洽當的作法便是在研究中採定義最簡便的「器物組合」，到了解釋時卻說成「族群」。

上述還有一個定義是「生活方式」，如果考古學的目標是建立「文化史」，那麼採「生活方式」似乎是不錯的選擇。考古學家將原始的器物資料經過重重的分析後，推測復原各時期各地區的生活方式，再據此組構出古代的文化史[47]。

總之，「考古學文化」是種資料，也是個研究成果。考古學家藉它來表述古代史的內容與過程，但前提是不能混淆它的定義（表3-2）。

表 3-2　考古學文化的意義

| 如何定義一個考古學文化？ | 器物組合的相似？ |
|---|---|
| | 生活方式的相似？ |
| | 同一個族群？ |

---

[47] 考古學常選擇以生活形態作為建構史前史的主要標準，且因「生活」=「文化」，所以所述稱為「文化史」。

# 第四章
# 考古調查與發掘

## 一、考古田野調查

　　田野調查是發現考古遺址的重要途徑之一，在過去遺址的觀念尚不普遍的時代裡，這種工作通常要仰賴具有考古意識與熱情的人士，台灣從日治時期到1960年代的不少遺址便是如此被發現。1970年代以後，開始有較多大規模的區域性調查計畫的執行，如台灣中部的「濁大計畫」，或是1980年代的「墾丁國家公園考古調查計畫」等。此類計畫多採團隊合作進行地毯式的搜尋，大幅增加了遺址的發現數量。到了1990年代以來，由政府[48]主導，委託專家進行全國各地區的遺址普查工作更屬常見。

　　關於遺址的田野調查方法，一般多以徒步實施所謂的「地表調查」為主，調查者的主要注意標的在可目視的地表，或因自然、人為所暴露出的地層斷面。基本上不進行發掘，但針對部分敏感區域的調查，尚可利用考古採土器進行鑽探（圖4-1），或以透地雷達等儀器探測地下有無存在特殊的結構物。

**圖4-1　考古採土器的鑽探**

---

[48] 早期主要由內政部推動，2012年文化部成立後多改由其主導。另外如國家公園、特定的區處亦有類似的計畫推動。

在實施地表調查之前，調查者應對目標區域有預先的瞭解，才能針對標的擬定適當有效的調查方法，例如在山區、平原或河海岸便有不同的作法。預先的準備一般包括基本文獻的收集與研讀、調查工具的齊全與紀錄表格的設計等。

　　屬基本文獻部分，資訊愈完備，愈有助於掌握遺址分布的可能趨向。例如地理變遷上中的海陸相對位置的變化就是其一。根據經驗，在台灣西海岸，若干史前人群可能為了就近利用海洋資源，村落便會沿著當時的海岸線附近分布，故掌握古代海岸線所在即有助於遺址的發現。同樣在東海岸，不同年代的遺址多分別位在高低不同的海階面上（內陸約可見有 3～4 個階面）。因早期的海水面較高，所以一般高階面上的遺址年代較古老；低階面的遺址年代較晚近。據此，調查者若要尋找某個特定年代的遺址，便要從其所屬的特定海階面去調查才最有利。另如過去的聚落經常傍水而居，但因河川乃會改道，故瞭解古代河道位置將是調查前的必要準備。

　　預知遺址本身的內容性質也有助於提高特定遺址的發現率。若要尋找舊石器時代的遺址通常要以洞穴為調查對象；新石器時代以後的遺址則可將注意力放在大量陶片；鐵器時代遺址可使用金屬探測器協助搜尋等。總之，各類型遺址的分布大致都有一定的傾向，包括海拔高度範圍、地形環境條件、埋藏深度等，這些資訊應於進入田野調查前做充足的準備。

　　實際調查所需的基本用具包括各種比例的地圖、指北針、衛星定位儀、相機（現代多由手機取代），以及考古採集用的工具如小平鏟、塑膠袋等。一旦發現了遺址、遺物，便要作成各種紀錄。調查者通常設計有固定的表格以方便記錄，內容一般包括：遺址的地點與位置、經緯度、海拔高度、遺址地貌、遺留分布狀況、保存現狀等。表 4-1 是參考《墾丁國家公園考古調查研究計畫》（李光周

表 4-1　考古調查的表格

```
            考古遺址調查表格        日期_____

遺址名稱_____      記錄人_____   同行人_____
行政區隸屬_____    經緯度_____  海拔_____
地點位置_____
到達方法_____
        _____
地理形勢_____
        _____
        _____

關係人（地主）資料_____
遺址相關報導_____
        _____
參考文獻與其他_____
        _____

遺址面積（南北）長_____M　（東西）寬_____M
文化層深度：離地表_____cm 至_____cm　厚_____cm
土質_____地貌_____
地層次序及厚度（由上往下記錄）_____
        _____
暴露遺留_____
        _____
採集標本_____
文化性質和年代_____
遺址現狀及擾亂_____
        _____
後續處理與建議_____
        _____
簡圖                    照相
```

等1985）之表格修改而成。

最後應該注意的是：根據我國《文資法》的規定，發現遺址後應呈報主管機關，這是為了保護日漸稀少的遺址，全民該有的認知。

## 二、考古發掘

### （一）發掘的基本概念

「發掘」是考古學的專門用語，用來指稱是在考古學術的規範下所做的專業地下挖掘工作。一般又見有「試掘」與「搶救發掘」等兩種概念之用語，顧名思義，前者是屬小規模的試探性質，通常只是為了知道遺址的分布範圍、地層下考古埋藏的深度狀態，以及遺址的大致內涵所做，並以此所獲之結果作為後續工作與研究的參考根據；後者帶有緊急拯救性質，即針對將被破壞的遺址所實施的全面性發掘，通常處理的面積較大，而且因為具有急迫性，所以也會借助各種大型機具，如推土機、挖土機等。

現代社會中充滿各種大型工程開發案，從廠房建設、都市重劃，到各種工業區、科學園區、高速公路鐵路、機場等，因為涉及影響土地的面積廣，故應儘可能於規劃前在基地上進行考古調查。當不能排除其地下有潛在遺址之可能性時，則有必要先實施考古試掘，以進一步確認地下狀態；若已明確認定存有遺址，則處理方法之一是實施考古搶救發掘，以妥善處理地下埋藏（圖4-2）。於今日，此類與工程相關的「試

圖4-2　道路工程下方的搶救發掘

掘」或「搶救發掘」無疑已占所有發掘工作案件的最大數量[49]；相對上，純粹以學術研究為目的的考古發掘案僅占其中少數。

純就保護的立場而言，維護遺址最佳的方法應該是讓它們原封不動埋在地下，即除非萬不得已，否則不隨意進行發掘。這是因為一旦考古遺留從地層中被挖離了原本的空間位置，便再也沒有回復的可能了。所以學界裡才有句話說「發掘也是一種破壞」。

但在另一方面，因為遺址仍須經由發掘方能取得地下資料，所以發掘也可以說是一種維護方式（黃士強1993：34）。換言之，從較積極正面的角度，不妨將「發掘」視為一種「資料保存」的概念，即把原本大家無從得知的訊息藉著發掘公諸於世，彰顯其意義於一般民眾。當然其中要注意的是考古埋藏乃是一種公共財產，因此任何發掘都必須抱著相當慎重的態度進行。而且包括我國在內的世界各地政府都訂定有明確的發掘相關法令，不得隨意踰越。

從學術的立場，發掘是考古研究獲取資料的最主要方法，所以原則上研究者必須親自參與實際工作過程，以獲取第一手資料。這裡所言「第一手資料」的概念，除了表示是即刻出土問世的新資料外，重要的是指由研究者自己直接親眼觀察、親手挖出之意味，究竟在這個過程中隨時需要很多專業的判斷，且整個知識的獲取過程是難以被取代的[50]。

就實務上，一個考古學的發掘並非只是「挖」的工作，而是自研究目的與方法的規劃開始，經田野的調查、現場的發掘、出土標本的整理、資料分析、問題研究，到報告的撰寫等一系列作業，甚

---

[49] 除了人為的工程破壞，也有少數是因自然力量所造成的遺址破壞，例如2003年，因颱風帶來的海浪沖刷出埋藏於岸邊的舊香蘭遺址，為了及時挽救遺址資料而進行了搶救發掘。
[50] 就像文化人類學亦強調田野資料必須透過研究者親身獲得。

至現代還將這個概念延伸到對公眾之展示與知識說明。唯有完成這整個過程才能說是一個完整的考古發掘。

## （二）發掘前的預備

在預備發掘之初，便要明確知道發掘的目的，如前所述，一般常見有學術性與工程契約等兩種目的。前者是因為學術研究上的需要；後者多是因應現實的需求，如行政上的保護作為，或開發工程前的試掘評估，或因工程將造成遺址破壞所進行的搶救發掘。對應不同目的，規劃有不同的方法，例如若是為了推測評估考古埋藏的地下分布狀態，那麼以抽樣性的試掘探坑便足以應付；若為的是搶救遺址內的埋藏，那麼就應該針對將被破壞區域規劃全面性發掘[51]。

接著便是相關文獻資料的準備，內容可先區分為自然環境、人文環境與考古資料等三類。

自然環境資料如地形、地理、地質、動植物生態，甚至是氣候資訊等，其中尤要隨時存有「古環境」的意識，即自然環境乃會變化，應該正確尋求古代遺址當時的環境；人文環境資料如與族群相關的民族誌文獻，或當地的風土人情等。在台灣，各種遺址經常和原住民（祖先）有密切的關聯，使得這類族群資料在解讀考古現象上相形重要；考古資料指過去對本區域已實施的各種調查、發掘與研究成果等，這些資訊是我們日後從事相關研究時的重要參考，而且也是發掘前規劃準備的根據。例如，若先知道了考古遺留（文化層）在地層中的分布，那麼勢必能讓發掘過程更有效率；如果已知道了遺址的性質與文化內容，即可在過去的基礎上進一步擬定發

---

[51] 有時受限於經費、時間與各種現實狀態，發掘面積亦可做部分調整，如改以採樣發掘一定的面積百分比。

掘策略，設計問題，解決問題，無須再耗費於基本資料的建立。

下一步是至田野進行預備調查，以預知實際可能遭遇的困難。如預先瞭解當地地下水高度是否影響發掘；發掘期程是否與雨季重疊而可能導致延誤；當地的地形地質適用於何種發掘工具等。

對於工具的實務性準備，可初步區分有：測量工具、發掘工具、記錄與收集工具等類別。

在考古發掘的測量工作上，早期多使用平板測量，配合指北針、捲尺、皮尺、標竿等簡易工具；現在則有各種精準的科技儀器，如全站儀、測距儀、衛星定位儀等。對於絕對海拔高度或是相對高程差的測量，現場多使用簡單的水準氣泡或較精密的雷射水平儀。至於考古發掘測繪的對象，一般除了發掘探坑的位置及坑內的重要現象外，也會納入遺址週邊的相關環境（圖4-3）。

考古測量也是現場紀錄的一種。量測記錄下探坑的位置，可以避免未來重複發掘到已被挖過的地點；記錄下這次出土的現象位置，則可以疊合、整合不同時期的發掘資料。其中還有部分出土內容是無法以文字描述或照相攝影即可完整留下紀錄者，這時只有仰

圖4-3　發掘現場的測量與方形考古探坑

賴現場測量的數字或圖形輔助。近年來借助電腦、科技儀器應用於各種測量，尤其對3D立體空間、物件形態的處理技術上都有長足的進步，預期這類技術將對考古發掘帶來革命式的正面效應。

　　發掘工具方面，常見有各種大小的十字鎬、鋤頭、圓鏟、平鏟等，以及配合使用的運土、倒土等工具。針對不同的現場狀態所選擇的工具也各式各樣，如清理墓葬人骨便需要質地較軟的工具，以避免刮傷對象；採取將用於C14年代測定的炭、貝殼、骨頭等遺留時便選擇金屬材質的工具，以避免接觸標本時造成實驗汙染（圖4-4）。

　　收集遺留標本的裝袋用具以採用塑膠材質的封口袋為多。裝收時必須在袋上標示遺址名稱、出土坑位與層位、遺留種類、採集日期等（圖4-5）。此外，若預期現場將出土墓葬人骨或金屬、木質等容易毀損變形的遺留時，便得事先準備保存用的設備，以讓遺留出土後能一直保持在最好的狀態。

圖4-4　各種考古田野工具（花蓮縣考古博物館）

圖4-5　考古標本的採集裝袋

傳統記錄發掘的用品包括了一般文具、專門設計的發掘紀錄用紙、照相機、攝影機等。現代則多方應用各種科技儀器，讓考古紀錄更為精密與細緻。

## （三）發掘的實施

根據《文資法》規定取得主管機關核定的發掘許可後，便能正式開始在遺址上進行考古發掘。

### 1. 探坑規劃

於田野現場，首先規劃「坑位」，即考古探坑的所在位置。如果屬於試掘，便要選擇有代表性的地點（如埋藏較具體豐富的區域），或是對遺址整體具有平均採樣意義的位置；如果是搶救發掘，則基本上要涵蓋所有將被破壞的區域。考古學中有所謂「系統方格」概念的應用，這是先將遺址全體區域統一規劃成大小一致的方格網，再以各個方格網為單位分別設置探坑。如此便可讓所有的坑位都能採用相同的座標基準，無論是因應整體發掘或是採抽樣方式都普遍適用（圖4-6）。

考古探坑的大小、形狀基本上要考量以方便發掘作業的「控制」與「記錄」為原則，一般多採正方形，基本大小多為 $2\,m \times 2\,m\,(4\,m^2)$。有時亦採長方形的探坑，也被稱為「探溝」，優點是可以有效率揭開某個地層較長的連續剖面。若屬搶救發掘，探坑面積一般較大，常見以 $4\,m \times 4\,m$、$5\,m \times 5\,m$，針對特定區域希望大範圍揭開時可採 $10\,m \times$

圖4-6　在發掘現場設置系統方格

10 m為探坑單位。

　　探坑的方向可依現場自然或人文的客觀環境條件而定,例如選擇順著河岸、海邊、山腳,或是農田、聚落、道路的方向等,重點是各探坑應維持一致的方向。如果沒有參考的地形基準,那麼便採以指北針為準的正南北方向。又過去常在探坑和探坑之間留下數十公分不做發掘的「界牆」,藉由保留這個牆面來觀察地層的堆積狀態。但是現代的考古搶救多強調要全面揭露,故已不規劃留下界牆,以免遺漏重要的考古資訊。

## 2. 層位的方法與判讀

　　考古發掘的目的是為了擷取其中的人類生活訊息,所以不會像挖寶般不顧一切只想挖出「寶物」。而是會循序漸進,每次以微小的深度量層層向下發掘,一般稱此為「水平向下發掘法」。

　　在上述原則下又有「人工層位法」與「自然層位法」之分,以決定每次應發掘多少的深度量。「人工層位法」多半是在對地層狀態尚不瞭解的情況下所選擇的一種固定深度(常見設定每層為10 cm或20 cm)的發掘法,優點是具客觀性;「自然層位法」是當我們對地層內容已有一定的掌握,故可根據堆積現象來適當調整每層發掘深度。例如當先已知道了地表下25 cm內為擾亂層位,而其下的文化層約有15 cm厚時,那麼第一層的發掘深度便可設定為25 cm,第二層深度為15 cm。這種方法的優點是可以避免將不同層位的遺留混同發掘出土。

　　田野現場尚有各式各樣的例外。如,並不是所有的地層都是呈現水平式的堆積,山坡地就是一個斜面堆積,這種情形下可考慮配合其傾斜度進行斜面式的發掘。當然在實際操作上,會有不容易精準控制深度以保持原斜面之困難。另如貝塚是呈現中央凸起的山

形堆積狀態，灰坑是中央部凹下的袋狀堆積，要發掘出內部遺留的先後關係就更為複雜。相對而言，如墓葬遺留則是一次性行為的堆積，容易當成一個單位發掘處理。

每一層位發掘結束後即應繪製探坑平面圖，尤其要將重要現象完整描繪記錄（圖4-7）。

通常探坑的發掘深度必須到達不再出現任何考古遺留的地層後才可告終[52]，但是要如何知道在下方絕對已無其他遺留埋藏呢？一個是根據專業知識的判斷，例如已經到達海相的堆積（當然就不會有人活動），或是知道該地層年代已經超出本地有人類的時代等（如果挖到恐龍化石就不會有人的遺址）。在沒有把握的情形下，可於探坑底部再進行數十公分以上深度的考古鑽探，以降低錯估的風險。

圖4-7　平面圖的繪製

向下的發掘工作結束後，接著便是繪製探坑牆面上的界牆層位圖，整個現場的田野作業才算完成（圖4-8）。每個探坑有四面界牆，一般選擇互相垂直的兩面繪製[53]。藉由界牆圖面的表現，研究者可以清楚看到每個時代在地

圖4-8　界牆圖的繪製

---

[52] 因為一個探坑多半只容許被發掘一次，未來將極少有機會在相同位置重新發掘。
[53] 因為平行的兩面界牆的內容會大致相似。

層上的堆積深度、厚度與內容。其中，受到近現代活動擾亂影響者可稱為「近現代擾亂層」；有考古遺留成層堆積者稱為「文化層」；至此已沒有考古遺留堆積的地層稱為「生土層」。藉由對界牆層位的判讀，便能瞭解本地層的堆積過程，以及人類在此地區的活動概況。

　　一般而言，各地區的地層堆積速率皆無一定，所以無法輕易根據地層的厚度來推測年代長短。但在未受後來擾亂的前提下，在同一個地點疊壓於地層下方者的相對年代早，上方者相對年代晚，這是不變的邏輯。至於它們之間的年代差距到底多少並無法知道。

　　層位的堆積基本上多呈現接近水平狀態，但凡有人為活動的地方便會有不少非自然性的異例，從而判讀這些人為遺留的年代方法也各自不同。如對於灰坑、水井、墓葬的所屬年代必須根據其最上緣的袋狀開口處為準；對於貝塚的形成年代則是從其底面為準（以上詳見本書第五章之二：層位學）。

### 3. 出土遺留的辨識

　　能夠正確無誤判斷發掘中的遺留是當事者所必備，這個能力仰賴學術上的考古知識與現場的田野閱歷來逐步累積。即需要有專業知識背景，也要豐富的田野經驗培養細微的觀察力。對各種遺留，一般依遺物、遺構、現象與生態遺存等四項分門別類加以認識。

　　對於人為加工物的辨識並不困難，例如石器可以根據外形（如箭頭與石刀的規整形態）、製作痕（如砍器的連續加工痕）、使用痕（如石錘的持續打擊使用痕），甚至石材性質來辨認。

　　陶器方面，台灣的史前陶因受限於技術，所以外形、質地等都和近現代常見陶器都有明顯差異。例如因為當時缺少轆轤，沒有拉坯，所以陶容器的外形不圓滑勻稱；因為沒有窯燒，所以低溫之

下燒成的陶器質地較軟而易碎。此外，無釉藥的技術，夾砂摻和料的顆粒也大小不均。這些都是判定所見是不是台灣史前陶器的根據。

　　骨器、貝器與木器的判斷亦大同小異。骨器多以磨製技術做成，材質包含各種動物的骨、角、牙等，甚至包括人的牙、骨在內，如台南蔦松文化的遺址中出土了人工穿孔的人類下顎骨；或是帶有穿孔的人牙等。

　　貝器常見於海岸或河岸遺址，尤以前者的珊瑚礁地區居多。較大的貝器多選擇大型單殼貝為材料，利用其特殊的部位磨製成如貝環、貝玦、貝匙、貝斧等。另外，利用夜光螺螺蓋打製而成的貝刮器是台灣最南端地區與日本琉球常見的特色。較小者貝器如貝珠，直徑只有約數公釐，使用特殊的穿孔技法製成，是東亞海島地區常見的貝製品，一直到近代都頗受歡迎。不過，必須留意的是野外經常會發現一些貝殼表面帶有相當整齊的圓孔，這些很多是由自然界中的穿孔貝生物所侵蝕造成，並非人為加工的痕跡。

　　木器的判別多重外形，但因材質易腐爛，年代古老的木器發現相對少。目前台灣發掘出土的木器不多，少數如新石器時代的芝山岩遺址所見，主要因為其埋藏多在地下水的覆蓋區，即保存條件較佳所致。鐵器時代以宜蘭淇武蘭遺址的木器最多樣而豐富，一方面是該時期已有相當多鐵質工具便於加工出產大量木質器，再加上該埋藏乃位於河道之中，水中的穩定環境使木器得以完整保存至今。

　　其他如金屬器與玻璃器皆因自然界缺少同類物的存在，故相對容易判斷。過去學界多認為史前台灣並沒有自製這類器物，所有金屬與玻璃製品都是外來的貿易物。但是後來陸續在十三行遺址、

舊香蘭遺址發現了自製過程的證據，從而對這個看法投下變數。未來在各地遺址的發掘中或許還會有進一步證據的發現。

在遺構方面，因本體經常由多數構件組合而成，體積較為龐大，所以發掘的重點之一在於瞭解各構件的相關性，一旦失去這種訊息，便難以復原整體遺構的形態與意義。台東卑南遺址的文化層中有很多石板、石塊，發掘過程之所以對此花費了很多精力，即因這些都是當時各種建物設施的一部分，唯有詳細記錄各資料，才能復原整個建築形態（圖4-9）。又如墓葬亦是常見的遺構，通常有專用的紀錄表格與發掘程序，甚至連墓葬的發掘者最好都是經過一定訓練的專業人員。

灰坑是各種現象中最常見的一類。台灣各地遺址有些灰坑頗大，內含相當豐富（圖4-10）。灰坑的土色、土質都與週邊一般的土壤狀態呈現不同，易作判斷。相對而言，火塘與柱洞的範圍小，容易被疏忽。對於上述這類遺留都可視為一個單元進行發掘處理，有時也可將現象分半發掘，從剖面觀察其內部的堆積狀態。

**圖4-9　卑南遺址的龐大遺構**

**圖4-10　內含豐富的灰坑現象（三寶埤遺址）**

對生態遺存的重視和自然科技的發展頗有關，今日在考古現場肉眼可見的生態遺存如動物的骨、角、牙，或植物的果實、種子、根莖殘留幾乎已全列在發掘者的收集名單內。其他還有些是在現場用肉眼難以分辨，但可在研究室使用儀器挑揀與觀察，如魚類的耳石、植物的花粉與矽酸體（圖4-11）等[54]。以上這類無法在現場觀察採集的標本，通常便採整批土壤收集的方式（採土），帶回工作站後再使用水洗挑選（洗土）的方式處理。

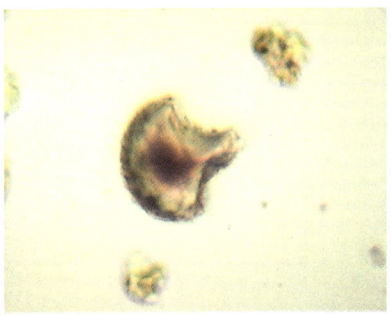

**圖4-11　魚類的耳石與植物矽酸體（長寬約0.04mm）**

如前所言，對出土物的辨識，知識和經驗缺一不可。只擁有學術知識的研究者當然無法瞭解發掘現場各種出土物的實態；擁有豐富田野經驗的發掘工人對遺物往往會有特別的敏感度，但若缺乏對考古研究的知識背景，便難以掌握應有的處理重點。舉例而言，針對同一具的埋藏人骨，在未來以保存、展示、體質研究或生物分析等不同目的為前提下，處理方法便會有差異。

---

[54] 耳石存在於魚類的內耳，由碳酸鈣與蛋白質每日沉積形成，藉由耳石的大小形狀可以鑑定魚的種類，進一步分析其成分，還可推測魚的生命史及古代的環境。花粉分析用於較大範圍的古環境復原；矽酸體則多用在水稻等禾本科植物的鑑定復原。

4. 記錄

　　發掘過程中進行「記錄」的目的之一是協助發掘者保留下工作過程（日誌），補救未來可能的遺忘與疏失。此外更重要的是將遺留出土當下的各種資訊（尤其是空間關係）資料化，成為後續從事研究時的主要根據。

　　考古研究重視「脈絡」的概念，即各種遺留之間的彼此關係，透過這類「關係訊息」來正確解讀事物的真實意義，所以理論上發掘時的記錄當然愈詳盡愈佳。但另一方面，實際進行鉅細靡遺的記錄作業勢必延遲現場的工作效率，甚至淪於雜亂無章。因此通常都設計有「發掘紀錄表」，藉標準化的表格方式讓記錄作業有一定準則，並提醒記錄者避免遺漏重要事項。如圖4-12[55]是一例。

　　簡要而言，考古探坑的發掘是以坑（Pit）與層（Layer）為單位，因此「記錄」亦是對應於坑、層分別進行。基本上每個坑之每層皆有文字紀錄與繪圖，完成整個探坑發掘後則繪製界牆圖。記錄的方式從傳統筆記、照相錄影，到今日應用科技如3D立體的測量與復原等，已使得這類工作更加精準與多元。

　　最後，仍要再次強調「記錄」乃是發掘工作的一個核心要項，甚至法規上都載明要求主事者有提供發掘紀錄之責任，所以這部分絕對是整個過程中不可忽視之一環。

## （四）考古遺留的保存處理

　　除了須進行個別特殊處理的遺留外[56]，多數的考古標本於出土

---

[55] 21世紀初台大人類學系考古田野課程所用。
[56] 例如未來要測定C14年代的木材、木炭、獸骨、貝殼等類標本，或是進行DNA測定的人骨標本，或脂肪酸分析的陶片等，皆不適宜使用水洗。

圖 4-12 考古發掘紀錄表實例

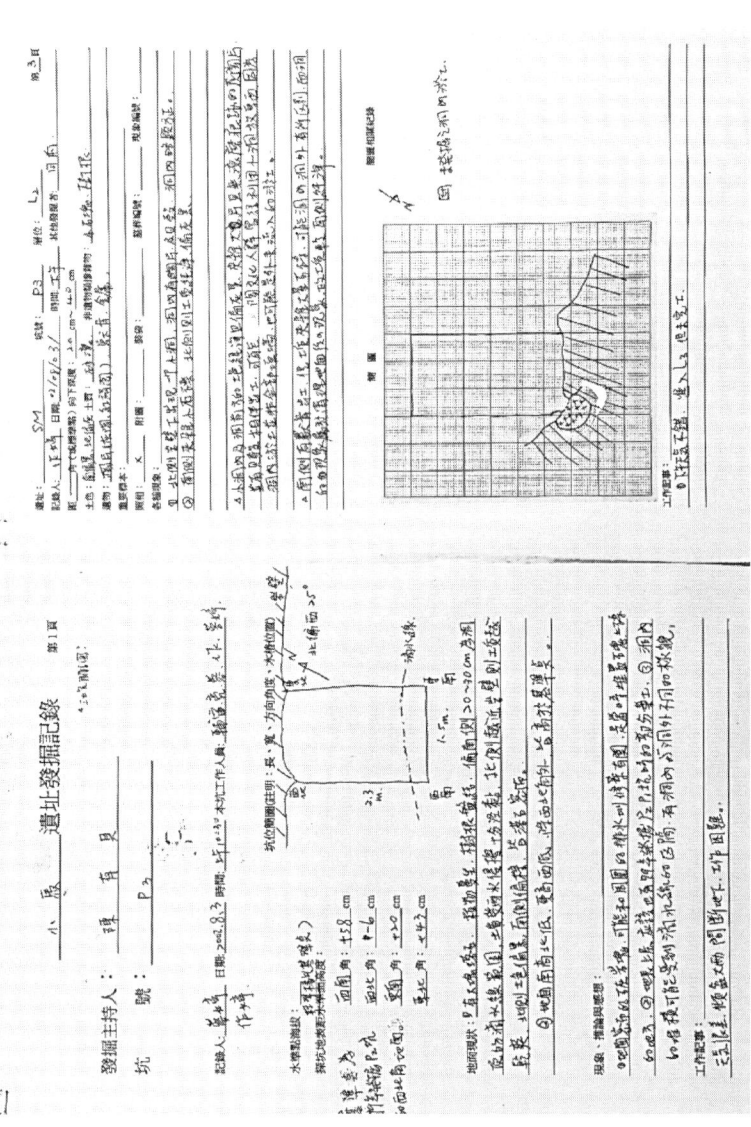

後皆有一定的處理程序。一般包括去土清洗、乾燥、分類、編號登錄、屬性紀錄、統計、裝袋保存，以及重要標本的測繪、照相等（圖4-13）。在整個過程中，全力維持標本的完整性是任何工作者的基本責任。就遺物本身的意義而言，它一方面是含有過去人類文化訊息的研究資料載體，另一方面是日後應被送進博物館展示櫃的公共財產，所以從發掘、出土到保存皆應極力維護。

　　一般而言，石器、陶器等類遺物受環境條件的影響低，出土後的保存處理相對簡易。不過近來學界對於陶器多注意到「完整

圖4-13　考古出土標本的處理

性」的問題，說明如下：

　　早期台灣的考古工作受限於各種客觀條件（人力、時間、經費等），對於遺址出土的陶容器碎片通常未行復原，當然亦無法對器形的原貌有清楚的認識。同時在研究上也主張，僅以器物的部位如口緣、圈足、把手等進行各別分析，依然可以獲致一個合理的結果[57]。其後，隨著知識概念的改變（如下述），以及考古工作受到各方的重視（尤其是文化資產面或博物館展示的考量）與資源的支持下，台灣開始逐步重視陶器的復原工作。

　　一個完整的器形可以提供我們更多更接近真實的資訊，例如台灣考古有個很常見的例子是：史前陶器因屬露天燒法，陶器各面受熱不均，導致同一件陶罐之各部位可能呈現出不同的燒成顏色。如果這時我們只根據陶碎片的顏色計算比例數量，便很容易誤以為當時存在著不同顏色的陶容器。然而事實上可能紅陶片與黑陶片都是來自同一件容器，當地根本沒有真正存在純粹黑色或紅色的陶容器。除非，我們真正有該種完整器的發現。

　　因「完整器形」在學術研究的必要性，再加上現代社會對文化資產的重視，今日的考古工作已經相當看重器物未來的可復原度（圖4-14）。當發掘過程中出現具一定完整度的陶片時，便要考慮特別予以集中記錄、收集，留下可用的資訊，方便未來可以

圖4-14　陶器的復原有必要性

---

[57] 這種觀念來自李濟對青銅器分類的看法，即把一個器物依部位拆解分析乃是一種合乎客觀科學的作法。此外，研究者若過度強調「完整器物」的概念，恐怕會被認為帶有保守的「古器物」心態可能也是原因之一。

順利修復。

　　至於骨質、木質或金屬標本的保存則涉及了其他不同專業的領域。這類質地的物件一旦出土，面臨了新的外在環境時便很容易變形毀壞，所以立即尋求遺物保存專家的協助是最佳選擇。因考古遺留多長年深埋於地下，故在保存處理程序與技術上不完全和一般現代物品（如金屬或木質的家具維護）相同。原則上，雖可參考相關理論選用適宜的保存方法，但主要還須靠著多次對該種標本重複進行實驗，根據實際結果累積經驗技術而來。

　　總之，考古遺留的保存維護在學術研究上是趨勢；就文化資產的概念是義務責任；於方法技術上則是一門專業。

## （五）發掘報告書

　　「發掘報告書」代表著一個發掘工作的結束與成果[58]，凡任何發掘（即使沒有遺留出土）都應完成這本報告書。目前在台灣考古多見所謂的「發掘簡報」或「發掘成果報告書」，這些都只是因應臨時所需之簡要說明替代本，並非正式的考古「發掘報告書」。

　　要完成一本報告書所費的心力絕對不少於田野現場的發掘，有說法提到3：7比例，即發掘時間若是3個月，那麼完成報告書的時間就得7個月，可作為參考。

　　世界各地的發掘報告書的內容可說大同小異，一般包含如下：
1. 前言、序論：說明本次發掘的原因與目的，以及工作過程的始末。
2. 遺址資料概述：遺址所在區域的自然與人文環境，遺址本身資

---

[58] 更新的概念是應該把出土物公開展示，並告訴民眾發掘成果與所獲知識，這樣才算真正的工作完成。

料及過去相關的調查與研究成果。
3. 坑位與層位：發掘規劃與方法，各探坑的坑位所在，以及層位狀態。
4. 考古遺留：各種遺物、遺構、現象與生態遺存的種類、形態、數量、屬性與出土脈絡等。
5. 統計分析：客觀量化資料，進行初步統計，有效掌握說明遺址性質。
6. 基礎研究：對於年代、文化內涵的研究總結，以及其他特殊事項的說明。
7. 參考書目、照片圖版、資料附錄等。

「報告書」的目的是忠實記錄反映地下的各種出土狀態，所以發掘者應該抱持科學與客觀的態度，盡可能作出完整的呈現。至於，要全部表述所有各式各樣的資料並非易事，有些發掘出土的考古遺留動輒數萬件以上，在撰寫上顯然需要一些表達的技術與方法。對此，利用各種統計與善用圖表都是相當有效的解決辦法（參閱本書第六章）。

## 三、結論

現代發掘的一大特色是講求團隊合作。

這種合作不只僅在過去所認知的學術研究階段，而是從規劃階段便已展開。例如有操作科學儀器的專家可以協助探測地底下的遺留分布狀態，以事先掌握地下資訊，讓後續的發掘更有效率。某些發掘現場（如水面下）也要有器物保存技術專家的參與，隨時準備替容易損害的出土物進行最好的維護。當然，到了後面的研究階段，需要各種領域人才的共同合作更是不在話下。

現代的考古隊也是由團隊形態組成，這對主持者的實務管理能力無疑是一大考驗。從最開始的組織成員、規劃編組，到現場的工作指揮，以及各種臨時狀況的處理都仰賴當事者豐富的經驗。尤其近年來有不少搶救發掘的規模相當龐大，一個考古團隊的組織多則百人以上，成敗所繫和過去小規模的學術發掘已不可同日而語（圖4-15）！

圖4-15　現代大型的搶救發掘

# 第五章
# 基本研究方法1：
# 層位學與類型學

## 一、關於年代

對於各種考古研究，「年代」一直占有個很重要的地位，這不僅僅只是為了滿足多數人的好奇心，而是在學術研究上真有其必要。

考古學在年代問題上有兩個常見概念，分別是「絕對年代」與「相對年代」。

「絕對年代」為資料對象的確切年代落點，敘述上可以用距今多少年（BP）[59]，或是西元前多少年（BC），西元後多少年（AD）。斷定絕對年代所運用的方法通常多偏向自然科學的實驗測定，常見如C14年代測定法、陶片熱釋光分析法、鉀氬法等。隨著科技科學的進步，此類方法目前已發展得更為多樣與精確。不過，以實驗斷定的絕對年代一定會面臨「精準度」的問題，這通常和測定標本的性質與狀態、使用的實驗方法是否洽當，甚至是儀器特性有關。所以多數的絕對年代推定還會提示一個「誤差範圍」，避免過度武斷於一個年代值。

此外也有利用人文社會學科的絕對年代推定法，例如有些資料可以對照於古史書文獻的記載。如在古文獻中記載了某些人物的

---
[59] 所言「距今」，乃指距西元1950年。

死去年代，若考古發現了他們的墓葬便可據古文獻所載斷定其年代。或是某些資料對象本身即有年代線索，如青銅器上的銘文，或是古代鑄造的錢幣等。當然這些也面臨古人可能「偽造」的問題，必須謹慎引用。

「相對年代」指的是兩個以上的資料對象的年代早、晚關係，基本上不涉及絕對的年代點，只是一種時間的前與後之關係概念。

乍看之下，絕對年代似乎較為「科學」與重要有用，但實際上卻非如此。因為考古學的主要目的是希望「描述」與「解釋」人類從過去一路以來的文化與社會現象，而不僅在於某件事物的發生年代。換言之，斷定資料年代的主要意義不是為了滿足我們想知道它古老與否的好奇心，而是作為下一步分析研究的起步，即藉以確認各事物的先後關係，以便組織事物的發展順序，建立起整個文化史的過程「描述」。進一步，在邏輯上協助研究者瞭解事件的發生與結果，以「解釋」何者是事件發生前的因，何者是事件後的果。故從歷史學的角度，絕對年代或許必要，但從作為社會科學研究之立場，相對年代的重要性則高於絕對年代。

可是，一旦知道了兩個事物標本的絕對年代，不是自然便會知道它們的相對早晚？原因如前所示，第一個要克服的是絕對年代尚存在的誤差問題。以考古界最常用的C14年代測定為例，除了存在因標本材料不同造成的測定落差或年代校正等問題外[60]，實驗最後得出的絕對年代都還會附加提醒有誤差範圍的可能。如此一來，假如兩批標本的測出年代相當接近，誤差範圍便可能有重疊之處，那麼就無法完全肯定它們的相對早晚。例如曾測出淇武蘭遺址的某件標本的C14年代是 1080 ± 90BP（NTU4428），另一件是1030

---

[60] 測出的C14年代仍須以其他方法校正，相關科學問題請自行參閱專業書籍。

± 80BP（NTU4422），在這種情形下是難以認定這兩件標本的相對早晚關係。

此外亦有現實上得考慮的問題。自然科學的絕對定年實驗除耗資費時外，亦常須有特定材質的標本配合[61]，且多數又屬一種對標本的破壞性分析，如果標本本身有特別重要性就不宜採用；而人文社會領域的文獻絕對定年僅限於歷史時期，且實質可引用的文獻資料稀少。歸結而言，「絕對年代」的測定法面臨實驗誤差、標本的材料限制、標本破壞，以及其他現實考量等問題，實際使用的頻度較受限。

相對而言，判斷「相對年代」的可參考線索多，尤其仰賴考古學最擅長的「層位學」與「類型學」便能獲得大量豐富的訊息（參閱本章後文），此點是絕對年代所無法比擬，因此多被研究者所倚重。

## 二、層位學（Stratigraphy）

### （一）原理與應用：地層的疊壓

考古學對地層的知識基礎主要來自發展於19世紀中的地質學，其中最重要的認識便是：地層乃隨著時間逐漸向上堆積，所以疊壓於下位之地層的形成年代相對較早，上位之地層的形成年代相對較晚。

考古學借用上述知識，發展成自身領域裡的「層位學」，它的基本概念亦大同小異：地層是隨著年代層層向上累積，在沒有其他

---

[61] 如C14測定須使用炭、木、骨、貝殼等材質的標本，常見的陶、石等材質無法適用。

人為或自然的破壞下,於同一地點中埋藏於下層的考古遺留的年代乃早於埋藏於上層之考古遺留的年代。所以我們在考古發掘中依序解開地層的堆積狀態,便能夠推定各地層中遺留的埋藏先後關係。

如圖5-1的兩圖所示,地層堆積的先後順序都是A→B→C→D。左圖每個地層的堆疊呈現水平有序;右圖之B層的堆積可能年代較短或不全面,所以A層的部分上方也堆積著C層,然而相對順序仍是A→B→C→D。如果有遺物埋藏於這些地層中,那麼它們的相對年代也可以同理得到推定。進一步,各地層的推定結果可以合併其他地層資料進行合乎邏輯的推理,例如某地的堆積現象是X→Z,另在他地觀察到Y→X,那麼可以據之推測出Y→X→Z。雖然實際上也許Y和Z從沒有出現在同一地點,但仍可以確認Y一定早於Z。

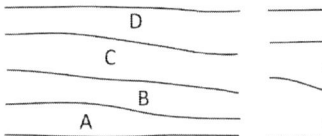

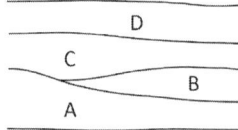

圖5-1　地層的堆積

如圖5-1是一般少受到擾動的地層現象,實際上因為考古學的處理對象(遺址)是有人與文化的世界,所以地層的堆積會因為受到人的各種行為活動干擾而變得複雜。如圖5-2就比較像是一個有人為活動的實際生活區位所現,有水井、墓葬、貝塚與灰坑等。關於這些遺留現象的年代推定,墓葬應該依其墓穴的開口起算,即L1層;同理,

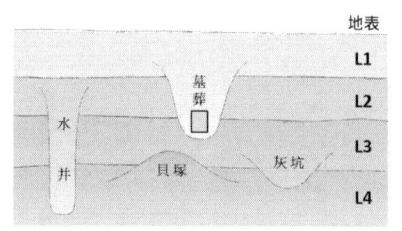

圖5-2　遺址內常見的複雜地層現象

水井與灰坑的年代也是從開口算起，分別是L2和L3層；貝塚則以其底部為準，屬L4層。整體的年代相對早晚便是：貝塚→灰坑→水井→墓葬。

除了根據地層斷面所示外，還有其他考古現象也可用來作為判斷相對年代的資訊，例如常稱的「打破」關係。假設有A、B兩座墓葬遺構相疊，觀察發現的狀態是A打破了B，從而便可知被打破的B墓葬之年代較早；打破他者的A墓葬的年代較晚。另如灰坑、水井等各種現象也常見有打破關係。

一個考古發掘能獲得若干筆數的層位關係訊息，之後亦可合併其他遺址的層位資訊，依一般的邏輯推理，結合、擴大這些訊息，建立成更完整的地層關係架構。總之，地層（遺留）的壓疊關係是支撐起層位學的最主要原理，它是一種可重複檢驗並具有客觀性與邏輯性之法則，故被考古學研究廣泛加以應用。

## （二）生活面與文化層

生活面（Living Floor）意指古代人群生存活動當時的地表面。在考古發掘中必須清理出它的所在位置（深度），如此才能確認何者現象是屬於當時同一群人的行為產物。

在台灣考古學中常使用「文化層」一詞，純就概念而言是生活面加上層位的結合，即一段時期間的生活面加總。在地層中，文化層的具體表現是含有人為遺留的層位，通常包含著一定的幅深（如20 cm、35 cm），背後代表的是當地有人群活動的某個年代時段。

一般而言，含有人為遺留的層位（文化層）因受到人為擾動或含有較多有機質等因素，在土質的外在與內含都顯現出不同於其他

層位的狀態，故在發掘中很容易被清楚辨識（圖5-3）。

文化層的概念相當言簡意賅，不僅能用來指示地層中的人為遺留所在，而且也成為說明一個遺址基本內容的最好指標。例如學術上提到台北大坌坑遺址的地層從下到上含有大坌坑文化層、圓山文化層、植物園文化層、十三行文化層等不同樣相的文化層，即意指人類在大坌坑遺址地上的活動共有四個不同的時期階段，且各個階段的內容不同，各有特性。又如研究者常提到大坌坑遺址、芝山岩遺址、圓山遺址的地層中都含有圓山文化層時，這便有點暗示當時同一類的文化群體（圓山文化人）曾分布活動在各個遺址地點。所以由此亦可知現實上：一個遺址可能擁有數個的文化層；同一種文化層可能出現在多個遺址。

圖5-3　地層中的文化層（灣港南遺址）

文化層是將某個具有厚度（有些甚至厚達1公尺以上）的地層全部統合為同一個時代階段所有，視其中所有要素為同一文化群體的遺留，有利於快速掌握遺址性質的認定與辨別等。

化繁為簡是其優點，但自然也有它的缺點。因為一個地層的累積絕對不是在一個時間點上完成，而是經過一段或長或短的時間，所以在一個文化層中的各種遺留當然也不是同一個時間所埋下，完全將之歸納於一起，等於過度簡化實際的形成過程及內容，難免是有疑問！如在台灣考古研究中，一個文化層所涵蓋的時間常常延續數百年甚至千年以上，把同文化層的所有遺留都視為同時

期、同脈絡的看法,等於是將一段相當長的時間縱深壓縮成一個平面上的時間點。如此看來,文化層的概念可視為研究方法上的一種操作,不必然代表理論上、事實上具備完整的特定意義。

## (三) 標準化石

在古生物學中,「標準化石」指的是只會出現在某特定年代地層的化石,因為它存在的時間短,所以可用來當作斷定地層(年代)的基準。換句話說,只要地層中出現了這種化石,便能直接較精準判定該地層的所屬時期[62]。

借用至考古學,指向一種只會出現在某個特定層位的考古遺留,適合用來作為不同地點間層位比較的基準樣本。在實際例子中,通常是一些性質或形態較特殊,流行持續的年代短,但分布較廣者為佳。例如台灣考古相當有名的「人獸形玦」,它的形態非常特定,易於判別,總體上的數量雖不多,但同類器物廣布在多處遺址,如果不是特例情形,那麼大致可以根據這個「標準遺留」,將出土這種器物的層位都視為同一個年代。於此,「人獸形玦」便是一種含有「標準化石」意義的考古標本。

不過要注意的仍是文化性與生物性不同的問題。某種生物滅絕之後便不可能再出現,但人為遺物卻有可能一度消失後再出現,典型者便是所謂的傳世品,它是當代人對古代物的特殊收藏,或可說是一種「古董」的概念。上述流行於台灣新石器時代的「人獸形玦」,也曾出土於實際年代晚很多的鐵器時代十三行遺址,便是這種文化性的結果。

總之,在考古的層位學領域中,「標準化石」的概念有值得參

---

[62] 相對而言,生存年代很長的生物化石便不適合當成標準化石。

考之處，惟要注意遺物是文化行為的產物，和生物現象不同，這是在引用時必須注意之處。

## （四）界牆的判讀

界牆指的是考古探坑的邊牆。一般發掘都相當強調在過程中必須平整揭露界牆，發掘結束後則要仔細記錄與測繪，呈現出一個從地表面到坑底的完整地層層位圖（或稱斷面圖、剖面圖）（圖5-4）。

圖5-4的左圖是實際考古工作所繪製的界牆圖，從圖中可以判讀各個地層層位的深度、厚度、遺留現象、出土物內容，及各層位的先後壓疊關係。右圖是另一個簡化的地層圖，現以這個圖為範例，做以下說明。

如其中的第一層（L1）被稱為「擾亂層」，意指受到近代以來人為活動翻擾影響的層位，本層中常混雜著各種晚近的遺留物，通常出現在地表下數十公分內。

第二層（L2）和第四層（L4）沒有人為遺留出土，純粹屬自然的堆積，代表是沒有人居住與活動的時期。有時可以據其中所含的

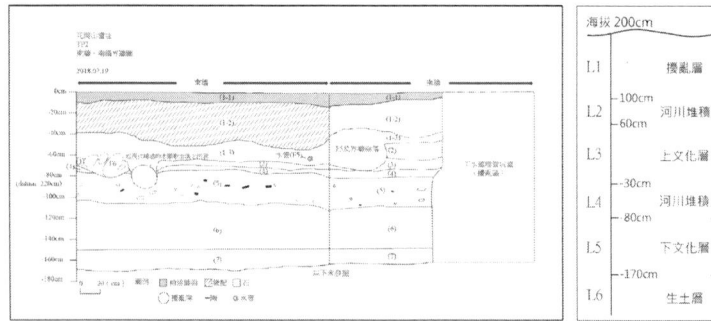

**圖5-4　考古界牆圖的判讀（左：實際測繪圖，花崗山遺址；右：簡圖，淇武蘭遺址）**

土質等現象推測當時的成因，如本例為河水氾濫所形成。

第三層（L3）和第五層（L5）都是包含著人為遺留的文化層，表示當時有人群於該時期於本地活動。由於整體共有兩個文化層，所以通常將位於上方者稱為上文化層，下方稱為下文化層，以示區別。

第六層（L6）已是沒有人為遺留的地層，考古學上稱為生土層。此名稱通常也有暗示本層以下已沒有任何人為活動的意味。

綜合起來，從這面界牆可以解讀出：古代總共有早、晚兩個不同時期曾有人群於此活動，兩期之間相隔著一次無人活動的洪水氾濫期。進一步我們還可假想這裡可能是一個很適合人居的地方，所以雖然曾歷經洪水，人群離開，最後還是又回到故地！

因為淇武蘭遺址出土不少可檢測C14實驗定年的適當標本，故分別從上、下文化層中選取標本測得絕對年代，如圖5-5所示。

藉由以上，我們可更清楚復原整個過程：距今1,600年前即有人群於此居住、活動，到了800年前可能因為洪水氾濫，人們一

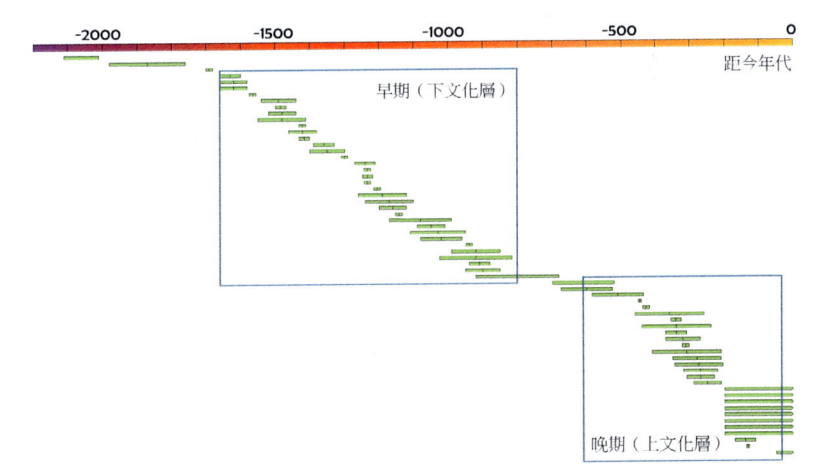

圖5-5　淇武蘭遺址上、下文化層的C14絕對年代數值

度離開，到了距今600年前後才又回到當地居住，並一直持續到晚近。

## （五）分析應用：風格排隊（Seriation）

「風格排隊」是一種應用層位學資料的常見分析法。它的原理是藉著統計各層位出土遺物之性質的數量比例，來分析它們隨著年代的變化狀態與傾向，並藉此區分出不同的文化階段。如李光周等（1983：69）在鵝鑾鼻公園的調查報告中提到：「利用風格排隊的方法（將重量資料百分比化之後，依其風格比例的消長排出次序），可看出三個新石器時代史前文化相之間的陶器製作變遷」。

舉例如圖5-6的左表是呈現地層中各個層位之各類陶片的出土數量資料，將左表各層位的陶片數量換算為比例，如中間之表格所示，並再進一步繪製如右圖。

| | 繩紋陶 | 畫紋陶 | 素面陶 | 總數 | | 繩紋陶 | 畫紋陶 | 素面陶 | 總比例 |
|---|---|---|---|---|---|---|---|---|---|
| L1 | 6 | 18 | 96 | 120 | L1 | 5% | 15% | 80% | 100% |
| L2 | 27 | 27 | 126 | 180 | L2 | 15% | 15% | 70% | 100% |
| L3 | 280 | 56 | 224 | 560 | L3 | 50% | 10% | 40% | 100% |
| L4 | 225 | 15 | 60 | 300 | L4 | 75% | 5% | 20% | 100% |

**圖5-6　風格排隊法舉例**

如果只有左表，就僅是呈現出陶片的數量，無法進行彼此比較。經過換算成比例表示的風格排隊法後，便可以比較各層位的不同陶器占有率，以及隨著時代的各種陶器比例變遷。如中表，從橫向可以知道L4是以繩紋陶最多，約占總數3/4；素面陶少數，約1/5；畫紋陶極少。其他各層的陶器亦可同理得知。此外，從縱向可知道繩紋陶隨著時代（L4 → L3 → L2 → L1）愈來愈少；素面陶剛好相反，隨著時代愈來愈多；畫紋陶則隨時代稍有漸增。如右圖是將數字資料圖表化，以讓讀者能一目了然，更容易掌握整體。

同樣運用層位學的推論法則，未來若有某遺址有類似陶片出土，便可根據各陶片所占比例推估所屬。如，若繩紋陶、畫紋陶、素面陶的比例是60%：10%：30%，那麼大致就是落在本遺址層位的L4與L3之間。

　　以上之風格排隊法不僅原理易於理解，而且方法操作簡易，應用範圍廣，故在一些考古報告或論文研究中極為常見。不過，因為整體的前提是建立在正確的出土層位資料上，所以對於一些存在於層位學本身的基本問題（如下節）亦不能忽視。

## （六）注意事項

　　如前所述，層位的概念易於理解與運用，在台灣考古研究受到相對重視，但在應用時仍應注意以下幾項：

1. 因為各地區各時期的地層堆積速率不同，所以層位的厚度基本上與年代的長短無絕對關係。
2. 不同的活動作用所堆積而成的土壤顏色不同，所以土色常被用來當成區分層位的依據。不過反向並無法從土壤的顏色回推過去的活動內容為何，因為各種作用於土壤的因子眾多且複雜。一般而言，若屬有人為活動的文化層，其土色常因含有較多的有機質殘留而呈現較深顏色，不過這並非絕對。
3. 出土遺物的文化層其實是歷經一段時間過程的累積，所以同一文化層中的各種遺留所屬的實質年代不一定相同；而且只要有人為活動便會對地下擾動，因而文化層也是一種當時古代人所形成的「擾亂層」，不能過度想像成是完整有序的堆積。

　　層位學的知識是考古發掘工作者所必備。遺址一旦經過發掘，便永久失去再復原的可能，現場若對層位誤判將導致資料永難核實的缺憾。所以在發掘過程中研究者應親身參與，對探坑的各種層位

現象謹慎地進行觀察與判定。

## 三、類型學（Typology）

　　考古學稱的「類型學」指的是根據器物的形態特徵進行分類，作為判定相對年代，以及從事比較性研究的一門學問。不過，目前各家認知的類型學方法涵蓋極廣，手法各有優劣，實際上仍是一門尚待整合的領域。

　　類型學也有稱為形態學、型式學等，是早期考古學中最重要的研究方法，典型的提倡人物是19世紀後半至20世紀初之歐洲（瑞典）人蒙地留斯。當時的概念主要源自社會上流行的演化論，主張人所製造出的器物大致也會如同生物演化一般，有著隨時代逐步變化的趨向。因此只要能找出它的變化序列，便能還原各個器物分別所屬的時代。

　　先不論上述「器物演化」的想法是否正確，在類型學的發展過程中產生了一個很重要的關鍵動作便是「檢驗」，即各種器物的改變是否符合演化現象，仍要取決於以實質資料的檢驗結果。換言之，器物演化的說法基本上都只是一個假設，最後仍要用實證的資料作求證。如果檢驗結果無法符合邏輯，該項器物的演化假設就不成立。所以至此，對於理論上「器物是否會演化」的爭論似乎變得不再是個重點，而是方法上如何合乎科學邏輯才為重要，這便是古典類型學的精華所在。

### （一）共伴關係

　　在具體介紹類型學方法之前，必須先認識的一個概念便是「共伴」（Association）。考古學上所稱的「共伴」或「共伴關係」常被

理解成「一起伴隨出現（出土）的一群（兩個以上）遺留之關係」，這樣的想法是帶有缺陷；更精準的定義應該是「在古代某個共同時間點一起被埋入的一群遺留之關係」。這兩種說法有什麼不同呢？前者指的是在發掘過程中一起出土的某群遺留；後者是指在古代同時間點一起被埋下的某群遺留。試想，在地層的形成過程中有可能因為某些因素（例如水流或人為擾動等）導致某些不同時期的遺物堆於一起，雖然發掘中會同時出土，但卻不是同時間點所埋入，對此，嚴格而言就不能稱為有共伴關係。相對而言，例如同個墓葬中的各種陪葬品或許不是在同時間點被發掘出土，但是可以確信是同時間埋進棺內，這些陪葬品便是具有真正的「共伴關係」（圖5-7）。

為什麼要對上述細節如此講究？因為如果是在同時間點埋入（具有共伴關係），便代表這群器物很可能曾經共同流行於過去某一時期。例如電視、汽車、手機都是流行於當代社會的產品，它們將會同時被埋入於這個時代的地層中。這個看來再簡單不過的概念在後述的類型學方法中將非常有用。

如圖5-8所示，假設A器物是流行於距今900～600年前，B器物是流行於700～400年前，C器物是流行於500～300年前，D器物是流行於350～200年前，

圖5-7　墓葬裡的所有器物皆具有共伴關係

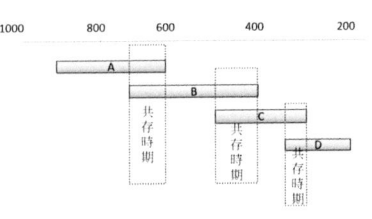

圖5-8　共伴關係的探究

那麼我們將可能在某些考古發掘中發現A和B、B和C、C和D各有共伴關係,因為這些都曾經有過共存時期。但A和C、A和D、B和D等基本上不該有共伴關係(因為不曾在同時間流行過,故極少機會一同埋入地下)。試著以此例反向思考,假設我們事先並不知道實際上A、B、C、D的流行年代,只是在考古發掘中發現A和B、B和C、C和D各有共伴關係,那麼是不是就可以推論這四件器物的流行順序(相對年代)是A→B→C→D?

上面問題的答案大致上是「對」,但還不能說是百分之百的肯定,至少還有兩個問題要解決。第一個問題是:人類社會存在著「古董」的現象,有可能在D器物所流行的350～200年前,社會上還留存著一些A和B等古董,因此出現它們和D的共伴關係並非完全不可能。萬一如此,是不是擾亂了整個邏輯推理的可信度!所幸這個問題還不算難,引入統計的概念便能解決。

因為無論如何,「古董」終究是社會中的少數,縱使出現了A(或B)和D的共伴關係,但這種共伴關係的出現次數必定僅會是極少數,很容易便可以發現與排除。如圖5-9,假設考古發現得到7個共伴關係的資料。分析後統計a器物與c器物共存有較多筆數的例證(4筆:abc,acdf,acef,aceg),所以a與c應是真正曾經共同流行過的器物。其他則證據筆數相對尚嫌不足。

| abc | abd | acdf | acef | aceg | bd | defg |

**圖5-9 假設有7筆共伴關係的資料**

總之,有共伴關係隱含它們流行的年代可能重疊相近,但最好再加上統計數字來證明它們的可信程度。器物間出現的共伴次數愈多,代表其共同流行的事實可能性愈高。

第二個問題是：前面縱使排列了各種器物的流行出現順序，但還是無法確定孰先孰後？換句話說，截至目前的分析討論，這種的器物排列法是缺乏年代方向性。前述的結論有可能是 A→B→C→D？也有可能是反過來的 D→C→B→A。於是這時候便要試著尋找某些附加訊息，例如若是其中任何兩件器物有層位間的上下關係，或是某些有可資利用的年代資料，只要有其中一組可以定序早晚，便能確定整個序列的方向。

　　總之，藉由器物間共伴關係的出現，再加上一點統計數量上的概念，以及年代方向的資料，我們便可能排出各個器物在古代社會的流行時間順序。「共伴關係」可以說是古典類型學的關鍵所在，它是引導考古學進入具有邏輯基礎之社會科學領域研究的重要一步。我們在考古發掘中應該儘可能找出各種器物間的共伴關係[63]。

## （二）類型學方法[64]

　　在整個類型學方法的操作中，其實「共伴關係」是作為程序後端的檢驗之用，而作為前端之形成假設所用的資料乃是「類型」。整個基本原理如以下二步驟：

1. 根據器物的形態，排出可能的演變模式。如前述，假設器物的形態是會隨著時間依序變化，那麼便可根據這種形態上的表現，復原排列出演變的過程。這是利用「演化」的概念，提出一種可能性較高的假設。
2. 利用實際考古出土的「共伴關係」資料，檢驗上述的器物演變假設。如果檢驗結果無矛盾，則代表原假設應為正確；如果出

---

[63] 類型學強調發掘的重點是要找出共伴關係，而非層位學所強調的地層疊壓關係。即使沒有層位資料，類型學仍可完成相對年代的排序。
[64] 本節改寫自陳有貝（1997），相關原文獻出處請參閱該文。

現矛盾,就必須放棄原假設,另重作假設。以上,即是從「類型」做假設;以「共伴關係」做驗證。

欲有效實踐上述,當然必要有一套具體的程序方法,才不會顯得雜亂無章法。以下試舉一方法說明。

現有陶器一批,整理復原後共得出16個陶器形態如圖5-10最左端圖所示。類型學方法操作如下。

### 1. 器種分類

首先將所有的陶器形態(16個)根據大部位的差異進行「器種」層面的分類。所謂「器種」(器物的種類),有些類似生物上「種」的概念,同「種」的器物才會有彼此演化關聯,不同「種」之器物基本上不會影響彼此。在經驗中,器物的種類略等同對映於「功能」的概念,同器種即是同樣功能,而判定的原則就是形態上的明顯差異。如圖5-10可區分出有A(廣口罐)、B(窄口罐)、C(單把罐)、D(雙把罐)、E(缽)共5個器種。

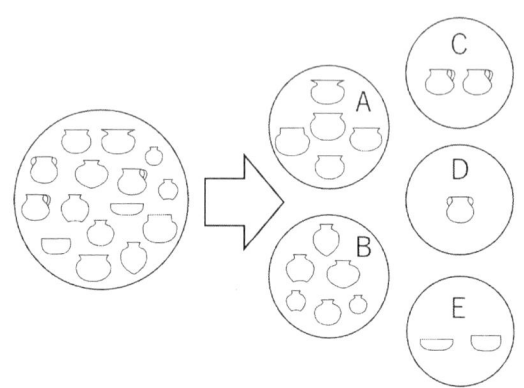

圖5-10　左側有陶器一批,分類得出右側5個器種

## 2. 型式分類

對同一器種內之所有器物根據小部位的形態差異進行分類，分出的每一個形態稱為「型式」，理論上是某個器種在一個特定年代的表現，可以想像成同一種功能的器物在不同年代的風格表現。以圖5-11為例，A器種（廣口罐）可依罐口外侈的角度不同再區分出3個型式，暫稱為斜口罐、敞口罐、直口罐等；B器種是依底部形態的不同，區分出微尖底罐、凹底罐、圓底罐、尖底罐等4個型式（為求精簡，僅以A與B兩器種為例說明，暫忽略C,D,E）。

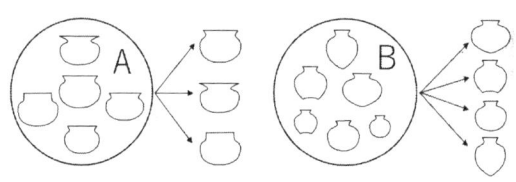

**圖5-11　A、B器種的型式分類**

## 3. 型式排列

將器種內的各種型式根據形態變化上的連續性做排列，其意義為同一種功能的器物隨著時代逐步表現出不同的外形風格。如圖5-12所示，左圖的廣口罐依據罐口外侈角度的大小排列（直口→斜口→敞口，或反向亦可）；右圖窄口罐主要根據底部的變化形態排列（尖底→微尖底→圓底→凹底，或反向亦可）。

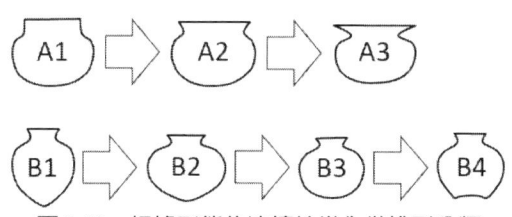

**圖5-12　根據形態的連續性變化做排列分類**

以上是這批器物可能「隨時代之形態演變」的假設,接著將進入驗證的步驟。

### 4. 共伴檢驗

將前面對器種及型式的假設資料製成如圖5-13之表格形式,再以已收集具有「共伴關係」的器物,填入表格中,以檢驗上述器物演化的假設是否合理。

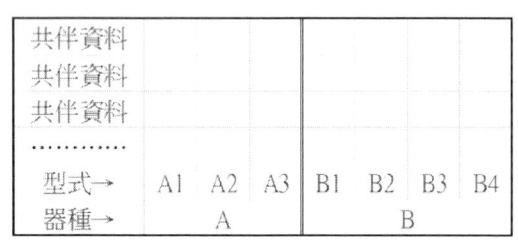

|  共伴資料 | | | | | | | |
|---|---|---|---|---|---|---|---|
| 共伴資料 | | | | | | | |
| 共伴資料 | | | | | | | |
| ……… | | | | | | | |
| 型式→ | A1 | A2 | A3 | B1 | B2 | B3 | B4 |
| 器種→ | | A | | | B | | |

**圖5-13　以共伴資料檢驗假設的表格**

以圖5-14為例,共有X,Y,Z等3筆共伴資料,填入其所擁有的器物後,可藉由調整各筆(X,Y,Z)的上下順序,以能排列出如圖5-14之左圖的狀態(○呈梯狀排列)為目標。在左圖中,A與B兩個器種內的各個型式都依序合理的出現,沒有違反的例外情形,故這個假設便有極高的可接受度。對此圖可解讀成:共伴Y的器物屬於早期,此時社會流行著A1,A2,B1形態的器物;共伴X的器物屬中期,社會上流行A2,B2,B3器物;共伴Z屬晚期,社會上流行A2,A3,B3,B4。A器種隨著時代有A1 → A2 → A3 的演變現象; B器種有B1 → B2 → B3 → B4 的演變現象。

**圖5-14　檢驗結果舉例**

圖5-14右圖的排列看起來非常雜亂無序，無論如何調整X、Y、Z的上下（即早晚）排列，客觀的共伴資料皆無法滿足研究者對器物演化的假設。此時便不得不放棄整個假設，重新再試著做器種、型式的分類與排列。

　　中圖模式是較常見的情形，大致看來多數資料是沒有矛盾，僅有少數（共伴Z的B1）是不合理出現。所以這時候便要加入前述的「統計」、「古董」的概念了。如果，像這樣（共伴Z的B1）的數量並不多，那麼我們便可以將它看成是當時的古董（它原本應該流行在較早的時期，後來是因為被當成古董才出現在晚期）。如此一來，應能接受：雖是稍有缺憾但可能更符合現實之本圖了。

　　基本至此已得出類型學的分析成果，研究者對於各個器種以及其隨著時代所生成的各個型式，都能給予合理推定。

## 5. 器物組合（Assemblage）

　　「器物組合」指的是屬於某時空中（地域與時期）之主要器物的集合，常被用來當成該時空文化的特定表徵，在台灣通常也是定義「考古學文化」的核心資料。「器物組合」可以藉由上述的類型學分析而獲得，持續說明如下。

　　如圖5-15之左、右兩圖皆屬合理之假設模式，接下來可將某些具有高度器物相同性的共伴資料合併於一起，綜合成更簡潔又具代表性的結果。如左圖，三筆資料（X, Z, Y）的內容皆有明顯差異，故應視為三期不同的時代階段；右圖中的Z和X的器物內容有高度

**圖5-15　資料的合併**

相似性，故可合併成一個階段，全部僅區分為二期。

6. 編年圖

最後再製成如圖5-16（據圖5-15左），藉由圖像化資料讓讀者一目了然，清楚掌握[65]。

觀察圖5-16，從橫向我們可舉出各個時期階段的主要「器物組合」，作為該時期的器物表徵；從縱向可以知道各種器物隨時代的變化歷程。若日後新發現了某件或某組器物，則可以將之比對於本圖表資料，藉此推測這件或這組新器物的可能所屬時代位置。

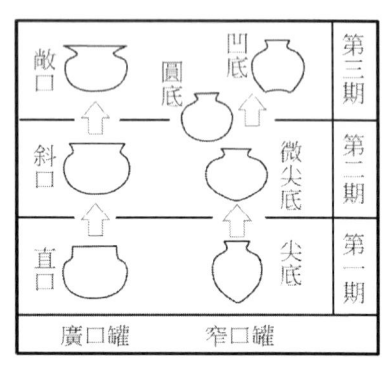

圖5-16　器物編年圖的表格

總之，先根據器物的外形，依變化序列做排列，當成一個假設，再以共伴關係檢驗是否存有矛盾，若屬合理，便可取其資料作成各時代的器物組合。據最後成果可以知道各個時代階段的代表性器物，以及認識器物隨時代演變的形態，這便是古典類型學最基本的操作模式。

當然，上述類型學方法亦有多處問題與不足，所以後來衍生出各種改良的分析方法版本，或是因應各種不同的對象資料特質進行修正。

如就上例而言，其中一個問題是：過度專注於器物的外形，相對缺乏對數量的意識，同形態的器物無論出現1件或100件在上述

---

[65] 莫忘還得補上整個序列的早晚方向。一般只要其中有一組以上的器物具相對年代資料，即能決定整組排列之年代方向。

操作中皆不具影響。但根據常識，社會中某類器物的數量多寡應該是有意義，至少，數量多者之代表性強，數量極少者甚至不具意義。另外一點如器種和器種之間似乎是完全獨立，彼此絕對不影響各自的演化路線，這概念原本是借自生物物種，但人為的器物是否如此呢？水杯和酒杯難道一定是兩種不相干的器物嗎？

## 四、結論

層位學以地層為基準，比較分析各層位的出土物；類型學以器物形態的變化為假設，利用共伴關係證實其設想的正確性。大致而言，兩者方法各有的優劣如下。

層位學重歸納法，類型學偏演繹法。前者的優點為簡單，易於瞭解，運用方便；後者相對不易理解，運用方法繁複。層位學的缺點是雖有理論上的基礎（地層的疊壓反映年代早晚），但實際上的地層分辨卻很難有一套絕對客觀的標準，尤其是有人為活動的遺址之地層常呈混亂，常常僅能仰賴發掘者的現場判斷；相對而言，類型學無須層位資訊，可應用層面廣，僅使用較可靠的「共伴關係」即可得到證實。

與其討論孰優孰劣，不如考慮哪種命題較適合哪種分析法。一般而言，若屬舊石器時代資料，因為當時人類對器物的製造尚不成熟與專業化，所以器物的形態模式相對模糊，不易具體掌握分析。再則是舊石器時代的埋藏較深，擾亂少，層位現象相對清楚，故使用層位法分析應是較為恰當。

新石器時代以後的地層多混亂，但器物相對已具有特定的形態，故運用類型學方法可能較為適當。

當然，最關鍵還是要看研究者設定的命題，以及現實上可獲

取之資料為何?才來決定究竟是要「層位優先」,還是「類型優先」。就台灣考古研究現況,多半都重視以「層位學」為基礎,這在建立長時期的資料框架較為便利。但是若要釐清短時期的資料關係,則應選擇「類型學」方法。尤其史前台灣有相當多的墓葬陪葬品,這些都是絕好的共伴關係資料。

註:另在台灣考古學界中一般所談到的「類型學」,其實主要還是附屬在層位學的概念下進行。最常見到的模式是從已經辨別出的地層中,歸納各個文化層的遺物與特徵,再藉由比較,說明它們在不同階段中的變化。典型如在大坌坑遺址的發掘中提到其主要目標是「採用更精密的發掘工作,查核該遺址文化重疊的情形⋯⋯建立台灣北部地區的史前文化序列」(劉斌雄1963:54)。從而根據實地的層位關係,將大坌坑遺址的文化層序建立為繩紋陶文化層、圓山文化層、赤褐色方格印紋厚陶文化層、赤褐色網紋硬陶文化層及近代漢文化層(同上:55-56)。換言之,層位絕對優先於類型。

# 第六章
# 基本研究方法2：
# 分類與統計

「分類」在諸多學術領域被視為進入研究的第一步；「統計」則是從事描述與分析的最有效率方法。

## 一、考古分類

「遺留」是考古研究的最主要資料。考古學對遺留基本上分成遺物、遺構、生態遺存與現象等四個大類，而其中又以遺物項目的種類及數量最多，相關的分類也最受到注意。分類，這一步驟很可能將決定接下來的研究成敗。

但首先，目前考古學對於分類的方法或態度並沒有一致性的答案。對於遺物分類，向來有個概念上的基本爭論，即究竟是要進行所謂「客觀」、「科學」的分類，還是應該回到古代人的心靈，找出他們的「主觀」、「事實」的分類？

中國考古學的研究史裡有個著名的例子是李濟對古代青銅器的分類。或許因為李濟曾留學西方，對當時主流盛行的「客觀科學」有著濃厚的信念，所以提倡應該以科學精神研究中國考古學，故將之實踐於古代青銅器的分類。他的作法是將每件青銅器分解開成各個部位（如把手、本體、足部……等），然後再就這些部位單獨抽出進行比較分析。然而，後來不少研究者對這類的研究方式都

頗有批評，理由可以形容為「見樹不見林」。簡單言之，古代人對於某件青銅器的認識理應是來自器物整體的形象，而不是將各個部位相加後的總和。如同樣的把手若出現在較適當大小的器體上時應是有實際功能的提把，但若在過大器體上也許只剩下裝飾的意義。

所以「分類」是應該回到古代當時的情境嗎？姑且放下方法上如何能通達「古代人心靈」的問題，先看看古人們自己對青銅器的類型是如何看待！

有個很重要的線索就是「自銘」，這是被刻在古代青銅器器體上的文字，代表當時鑄造者或所有者對這件青銅器的看法。其中有些銘文中都特別註明了本件青銅器的類型名稱，無疑這即是古代人對本青銅器的認知。但是，當後人比較些資料後，卻會發現到一個很矛盾的問題：外表形態類似的青銅器卻不見得會有相同的自銘器物名稱，或者外表不同的青銅器卻有相同的名稱。由此看來，即使是古代人，對於器物分類也不一定存在個「共識」，可能因區域、時間、文化或個人的差異而有不同的類別意識。在這種前提下，現代研究者又如何才能找到古代人的分類呢？

在這裡建議不妨換個想法，我們若是將「器物分類」僅視為一種線索或研究方法，而不是結果的話，這樣或許就不用太過悲觀。容許研究者做任何各種不同的分類，可以從研究課題的角度選擇分類的方式，目的在協助掌握一些關鍵性資料；當然也可追尋復原古代的分類，以作為理解古人的一種方法。分類可以有不同角度，有彈性，且允許多種結果。事實上，考慮我們對周遭器物的看法不也如此？因時因地對於器物會有不同的理解方式，從而分門別類的

結果自然有異[66]。

　　以下，是從台灣考古報告書整理出一般對考古器物慣用的分類方式。

　　台灣的考古報告對於各種出土遺物，一般先選擇以「材質」做區分，如常見以陶、石、骨、貝、木、金、玻璃等不同材質作為最上層分類。因為這個基準明確，客觀容易遵循，相對少例外、爭議，因此接受度高。

　　接著，「器種」（器物的種類，通常對應其物的「功能」，參閱本書第五章）是常見的再分類基準。如對於石器，區分出有石錛、石刀、石網墜、石鏃……等。再進一步往下分類的基準是「形態」，如從石刀這個種類再區分出方形石刀、馬鞍形石刀、柳葉形石刀……等，或是從石網墜再分出兩縊形網墜、砝碼形網墜等。上述這個分類系統的基準依序是材質、器種、形態（圖6-1）。

　　同樣分類方式也見於陶器。在同一陶材質底下，再以器種（功能）為基準，區分出如罐、缽、盆、壺、瓶、豆……等；接著再依形態區分，如針對罐之器種分出窄口罐、寬口罐、長頸罐、短頸罐、平底罐、圓底罐……等。

| 材質 | 器種 | 形態 |
|---|---|---|
| 石質 | 石錛 | 無段石錛<br>有段石錛 |
| | 石刀 | 方形石刀<br>馬鞍形石刀<br>柳葉形石刀 |
| | 石網墜 | 兩縊型網墜<br>砝碼型網墜 |

**圖6-1　石質器物的分類舉例**

　　大致而言，這種分類方式易於理解與實施，同時使用度高，容易和其他發掘者的資料彼此對照、銜接，這些都是鮮明的優點。

---

[66] 例如針對汽車、摩托車、自行車等交通工具，分別選擇從「動力來源」或「輪子數量」做分類基準時，便會得到不同的結果。

不過正如前述,理論上並不存在一個完全正確的分類規則,例如常見的紡輪,若其中有石製品,也有陶製品,那麼我們是應該把「材質」放在前面當作第一個分類基準,還是優先選擇「器種」(功能)?如果先以材質做區分,便是傾向認為這批以石製和以陶製的紡輪之間的差別是很大。但一般而言,研究者應會贊成無論是用石質或陶質製作,都是屬同一種功能的紡輪。於是「例外」便出現了,對紡輪的分類基準變成依序是器種、材質、形態。由上例看來,分類除了追尋共同普遍規則外,也必須因應經驗,注意到合理性。究竟我們面對的是人為的器物,不是客觀無例外的自然法則。

然而在沒有深入認識史前文化內容之前,便要對各種出土遺物分類,這確實是一件為難的事。好像一旦將某件器物歸屬為某個類別後,便是定義了這件器物,這不免讓分類者相當迷惘與費心。試想我們的生活週邊有多少器物在分類想法上都是模稜兩可!想像面對一桌子的碗、盤、筷子、湯匙、叉子等,我們會怎麼分類呢?從不同角度就會有不同結果,基本上真的沒有一個標準答案。

幸而拜科技之賜,這個困擾約在1980年代電腦被大量應用後暫時得到一些解決。現在我們只要把每件器物的各種屬性資料一一輸入電腦(無須決定哪個類別基準為先,何者為後),在建立一個資料庫後,未來即可以因應各研究者的各種需求,隨意挑選出適當的屬性當成分類的基準,輸出各種分類的結果[67]。

總之,對標本分類是在田野發掘結束後,考古人員必須面對的基本作業。「分類」,開啟研究的第一個步驟,「如何分類」或「分類思維」是一件很值得深思討論的命題。

---

[67] 換言之,如果研究者對於最初者的分類不滿意,仍可以隨意更改出自我的分類。

## 二、考古統計[68]

考古學將統計主要運用於兩個方面,分別是報告書中的資料呈現,以及學術性的研究。對於前者,主要應用「敘述統計」;後者是「推論統計」。

### (一)資料的呈現:敘述統計

基本上,發掘者對於凡出土的考古遺留都應該完整列舉所有資料,包括如出土的坑位層位、脈絡關係,以及遺留本身的種類、大小與形態等訊息。然而實際上要做到這種程度非但不可能,而且站在讀者角度,就報告書一一列舉之龐大資料,亦難以讀取其中的要義。所以,為了緩解這種困境,特別是針對有大數量的遺物資料[69],考古學家必須想出一套有效的呈現方式。

所謂「敘述統計」,它的目的是希望以簡單易解的形式盡可能提供最大的資訊量,這對於考古出土物的呈現而言,無疑是一個有效的辦法。以下舉數例說明在應對於各種大量資料時,所常採取的敘述統計方法。

### 1. 一個變數項目

例如,對於一批形態類同的網墜,它最重要的變數項目就是重量一項[70]。在這種情形下要如何表達這批眾多的網墜資料?採用平均數[71]是一個相當有效的呈現方法。試想:只用一個數字(平均數)便能告訴讀者甚至是成千上萬筆的資料概況,當然值得重用。

---

[68] 本節的統計說明請參閱大村平(1983)。
[69] 如果僅是少量遺物,最好的呈現方式當然是將所有資料完整列出。
[70] 即「重量」是影響網墜功能的最主要因素,其他影響微小。
[71] 所謂平均,還有分算術平均數、幾何平均數等。類似概念則有中位數、眾數等,各意義不同,請自行參閱相關說明。

不過因為簡便，相對也就有不足之處。試看圖6-2的A、B兩遺址的網墜重量，如果只選用平均數來說明，兩組數字的平均結果是完全一樣（8g）。但實際上，A和B遺址的兩組網墜原始內容卻不相同，所以此時我們便得要多一些表達工具。

| 遺址 | A遺址 | | | | | B遺址 | | | | | |
|---|---|---|---|---|---|---|---|---|---|---|---|
| 重量g | 6 | 7 | 8 | 8 | 9 | 10 | 5 | 5 | 7 | 9 | 10 | 12 |
| 平均 | 8 | | | | | | 8 | | | | | |

標準差 1.3　　　　標準差 2.6

**圖6-2　兩組遺址的網墜重量資料**

針對上述問題，有個想法是使用統計中的「標準差」加以補強。標準差的概念是所有數字分別與其平均值之間距離的總平均，可以用來表示該組數字與其平均值之間的離散程度。標準差大，代表該組數字的分散程度大；標準差小，即該組數字較集中。如圖6-2的A組數字的標準差計算後為1.3；B組的標準差為2.6。加入標準差數字的比較，就可以知道它們的分散程度不同。在這個例子中，A、B兩遺址的網墜重量雖然平均相同，但實際上A組的數字顯然較有一致性，B組較呈現零散狀態。僅是多提示了一個統計數值，竟可以增加不少資訊！

但是又如圖6-3之兩組數列，分別是代表C遺址與D遺址的網墜重量。很有趣的是：它們的平均數相同（8），標準差也相同（2），但實際的原始數值卻明明是不同。所以，只看平均數和標準差仍然又有不足之處！看來數值似乎有所極限，該是換「圖表」上場了。如圖6-4的柱狀圖（線形圖亦可），一個圖形便涵蓋了C與

第六章　基本研究方法 2：分類與統計　119

| 遺址 | C遺址 |  |  |  |  |  | D遺址 |  |  |  |  |  |
|---|---|---|---|---|---|---|---|---|---|---|---|---|
| 重量 g | 4 | 8 | 8 | 8 | 10 | 10 | 6 | 6 | 6 | 10 | 10 | 10 |
| 平均 | 8 |  |  |  |  |  | 8 |  |  |  |  |  |
| 標準差 | 2 |  |  |  |  |  | 2 |  |  |  |  |  |

圖 6-3　兩組網墜重量的平均與標準差都相同

D之兩組網墜的所有重量資料，堪稱是一種最有效的表達方式。

「圖」除了可以表達大量的資料外，也幫忙將繁雜的眾多數值整理成易於理解與分析的形式。相對作為研究者，便得培養出解讀各種統計圖形的能力。如圖6-5是兩種常見的線形

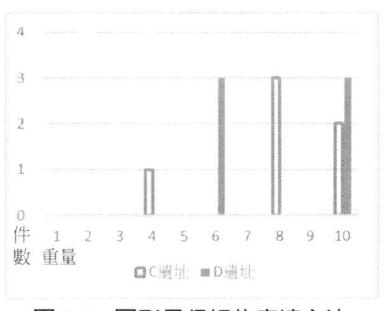

圖 6-4　圖形是很好的表達方法

圖模式，其中的左圖呈現常態分布，大致可以解讀成是同一種器物正常的屬性分布狀態。如同一種類網墜的重量數值應該就會呈現這樣的常態分布。右圖是出現了兩個高峰的雙峰分布，可以簡要解讀成存在兩個「常態分布」。換言之，整批器物可能內含了兩個不同的網墜種類，其中一類屬於重量較輕者（左側）；另一類重量較重（右側）。兩類的適用功能很可能不同。

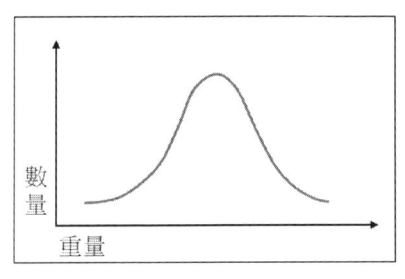

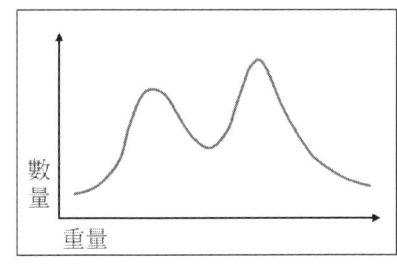

圖 6-5　網墜資料的常態分布與雙峰分布

## 2. 二個變數項目

　　以上皆屬僅有一項變數的情況，但對於某些器物而言，具有意義的屬性變數可能不只一項，如所謂的「錛鑿形器」便是由刃線寬與器長共同構成有意義的長方器形。在有兩個變數的情況下，最常見便是使用X-Y圖。這種圖形近乎完整地將各資料的兩個變數一起呈現，並且藉由資料點之所在位置，讀者眼裡馬上便可以浮現它的外形；進一步集合各點的總體分布形態，還可以判別整批資料的特性。

　　如圖6-6之左、中、右圖所呈現，不同的圖形代表著背後不同的意義。左圖代表著一批長、寬比例大致相同的錛鑿形器，即雖然器體有大有小，但從外形而言，它們都是相類似的長方形。中圖顯示出一群大小類似的石錛，不過長寬形狀似乎沒有一定的形樣。右圖的資料集中出現在兩處，表示應是兩種類型，它們除了在器體大小有明顯差異外，左下側一群的長寬比例較大，一般也被稱為「鑿」；右上側一群比較屬「錛」的範圍。

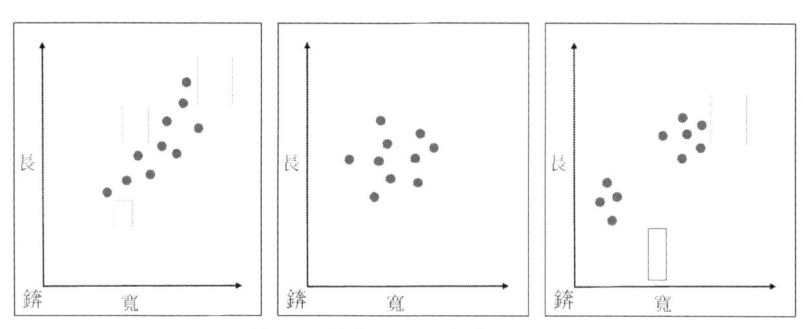

**圖6-6　錛鑿形器長寬的X-Y圖**

### 3. 其他

現實上，不少器物的有意義變數可能在3個以上，如前面所提的錛鑿形器在長與寬的變數之外，或許「材質」也是個有意義的變數。此時，仍然可以活用X-Y圖，另外再用不同標示或顏色來代表各種材質。如圖6-7所示，如果只看長與寬，所有資料看來沒有什麼規律，但是若加入了材質變數（A、B材質），便發現A材質的錛鑿形器似乎都有一定的刃線寬，無論長度如何；B材質者則趨向有一定的長寬比例。

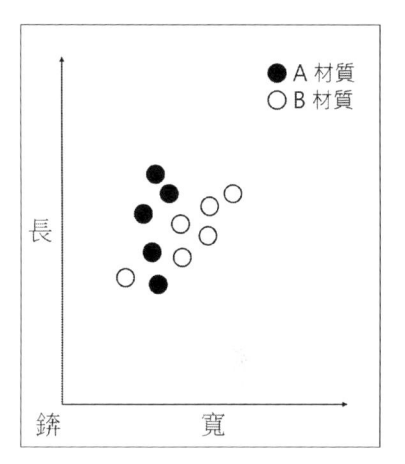

**圖6-7　混合了兩種不同種類的錛鑿形器**

如上乃是兩個數值變數（長與寬）再加上一個名義變數（材質），或許稱之為2.5個變數較適當。如果是純粹三個都為數值變數時，哪麼又該如何處理？很直接的想法當然就是在原本為X-Y的平面上再加個Z的向量，使其變成立體的圖形。過去研究者對於這類立體圖形的解讀仍要有一些想像力，而今天藉著發達的電腦應用，「3D」的圖形幾乎已是相當普遍可以被接受的表達方式了。甚至若有更多的變數，也可以嘗試設計成各種適當的圖形來表現。

試想原本也許要300張的書本頁數才能呈現的資料，現在使用圖形的話，或許只要3頁，不僅效率極高，而且讓讀者一眼便能掌握所有資料特性，真的是一舉多得的好辦法。

總結上述，發掘報告書的主要任務是將考古遺留資料做最大化的有效呈現，故在表述方法上必須做適當選擇。如果資料數量少，便可以用個別敘述的方式呈現每件遺留資訊；如果資料數量較多，便是該借用「敘述統計」的技巧對應。在這個領域裡，除了有統計學上各種有意義的數字外，「統計圖形」是一個非常值得推薦的方法。善用「統計圖形」[72]，它能將眾多資料全部集結成於一張圖中，化繁為簡，以最有效率的形式透露出最多的訊息，並讓閱讀者立即能掌握整體的概況與趨勢。

## （二）資料的研究：推論統計

考古學的宗旨是希望藉著分析殘存的遺留來推論原有的樣貌，這樣和推論統計學裡的「從樣本推論母體」的概念可以說極為相近，所以運用推論統計學作為考古學的分析方法自然是個順理成章之事。

推論統計使用於考古研究的項目已有愈來愈多的趨勢，傳統上如皮爾森相關係數、卡方檢定、$t$檢定等是在基本分析中較常見者。如今又借助電腦各種輔助軟體之幫助，出現更為深入與複雜的研究，如使用「多變量分析的主成分分析」，以找出潛在於表象事務下的主要變因等。以下舉一例說明。

皮爾森相關係數（$r$）是用來檢驗兩個獨立變項之數值彼此間的關係強度，到底兩變項是呈現高度的相關性，或僅是部分相關，抑或沒有相關。例如，若想確認「鏃」這種器物的器長和刃寬是不是存在著某種連動關係？這時便可以將一定數量以上[73]的鏃的器長與

---

[72] 考古學者亦可以發展出自己的應用統計圖形。
[73] 樣本太少便缺乏可信度。計算公式請自行查閱。

刃線寬的數據當成樣本，使用皮爾森相關係數（$r$）的計算式進行檢驗[74]。如果檢驗結果呈現高度正相關，便代表其器長較長時，刃寬亦會隨之較寬（如圖6-6左圖），即器長與刃線呈現一定向度的比例關係；如果是高度負相關，則是器長愈長，反而刃寬愈短。以上這兩種結果都代表器長與刃寬有高度相關性。如果檢驗結果無相關，就是器長與刃寬幾乎沒有關聯性（如圖6-6中圖）；其他介於高度相關與無相關之間者，可稱為中度相關或低度相關等。

上述的優點就是藉著一個公式計算後的數值，可以客觀量化說明兩個變項之間的關聯性。由於本檢驗公式的含意容易理解，故應用的對象亦廣，隨意皆有例可舉，如：想知道某遺址之陶器中的紅陶和黑陶的出現數量有無相關性，或是陶器的容量和口緣大小有無相關性等。

當然，選用統計公式不能忽略其前提限制、適用度及對結果的認知解釋。如上例，條件就是應要有一定數量的樣本，且兩個變項之間必須獨立無關。例如「錛」的重量和長度就不是彼此獨立（因為通常器物愈重，形態就愈大，長度可能愈長）。最後，也要瞭解所謂「相關性」不等同於「因果關係」，即不能立即以因果關係解釋兩變項的相關現象。

統計被視為一種客觀並能應用於多種領域的有效方法，在1970～1980年代前後的新考古學者曾經大力提倡，尤其對推論統計的「使用樣本推論母體」寄予厚望。不過於此亦要提醒以下幾點：
1. 「機率」是推論統計的重要基礎，所以在演算過程中必須符合「機率」的概念要求，例如樣本是否是平均分布於母體，即樣

---

[74] 得出之 $r$ 值將介於-1到+1之間，負數代表負相關，正數代表正相關；其絕對值愈大，相關性愈高。

本是否具有全體代表性？我們常假設推論的對象是在一個理想的情境中，即樣本是以隨機平均散布於全體，如此才能符合理論上機率的概念，進而可「從樣本推論母體」。一個常被提到的例子是怎樣可以有效推算某池塘中究竟有多少魚？答案如：推算者可試著先從池裡撈出 10 條魚，全部做上記號後再放回池塘中，然後再次撈出 10 條魚，計算其中有多少魚身上是具有前次所做的記號，藉由其樣本的比例便可估算全體池中應該有多少[75]。但是，萬一這個池塘裡的魚並不是平均分布於池中呢？[76]

現實上，尤其是人類的行為與文化根本上是透過有意的安排與選擇。試想在一個房子裡面，碗盤陶瓷器可能最多出現在廚房、餐廳，其他如客廳、臥房或廁所就少有這類器物。所以，如果考古探坑發掘到的位置是廚房或餐廳，那麼自然就會出土多量陶瓷，以其比例來推測整間房子的陶瓷數量必將產生很大的誤差（推測數量大於真實數量）。換言之，對於人類某些行為文化產出的遺留，能不能單純地以我們所見到的樣本去回估全體，這是個要預先深思的前提。

2. 即使樣本是平均分布於全體，仍存在著研究者的採樣方法是否屬「隨機」的問題。用前面池塘估魚的例子，推算者抓魚的方法必須是完全隨意，不能摻雜個人的喜惡偏好。反映至考古研究，便是分析者勢必要以絕對客觀的方法取得樣本資料。例如考古發掘者常面臨「坑位選擇」的問題，如果是基於「採樣」

---

[75] 假設第二次撈出的魚有 4 條是帶有記號，即比例為 4/10，那麼便可估算整池中應有 25 條魚（10 / (4 / 10)）。

[76] 也許有些魚喜歡活動於水池上層，相較容易被捉到；某些魚一直躲在深處，不容易被抓到。這樣就不符合隨機分布的前提概念，算出的結果便有誤。

所為，那麼就必須完全遵循客觀原則。但實際上，發掘者經常會偏好選擇有豐富埋藏的區位，或是因為現實等其他因素[77]，而無法全然遵循客觀原則。
3. 「常態分布」是推論統計相當仰賴的一個概念，一般具有該現象者才足以適用於多種推算，否則便要另尋特定方法。「常態分布」的現象廣存於我們生活環境周遭，但凡和人的行為文化相關之事便不能毫無疑問的想當然爾，「非常態分布」在人類社會也相當「常態」。換句話說，考古研究的資料對象是有意識、經選擇後的產物，在應用於任何統計算式之前，應先清楚它性質上的特殊處。

## 三、結論

本章介紹了考古研究方法中的若干基本運用，分類與統計。

分類的原則是要回歸到被研究者（器物主人）的立場，以追尋史前人的心靈為目標；還是應從研究者的角度，採客觀的科學分析方法？此點為考古分類的一大討論課題。一般而言，兩者皆各有優劣，並沒有一定的遵循模式。考古分類可視為一種研究方法，透過它來作為探索古代文化的過程手段。

統計學裡的敘述統計以極有效率的方式呈現大量考古資料，並彙整成易於我們掌握與判讀的資訊形式。推論統計則是將客觀科學的數理分析引入了傳統的考古學門中，提升了本領域的科學性，大步開拓了研究潛力。進一步，如何將統計與考古資料的特有性質配合，發展出適用的「考古統計學」將是一門很值得挑戰的課題。

---

[77] 如因私有地之地主的反對而無法發掘。

# 第七章
# 基本研究方法 3：
# 從器物、資料到人與文化

　　通常，一個考古研究的程序步驟依序有：對考古遺留的資料化、建立古代史的復原描述、對人群與文化的解釋等各個階段。在考古遺留資料化方面，早期的研究對象多以器物為主體，現代則呈現多樣化發展，而且不只限於人為器物，可分析的對象已不勝枚舉。尤可應用自然科技的協助，使得各種研究結果更多彩多樣。於古代的復原描述方面，過去一度被傳統研究者視為是考古學的主要目標，而現代的新銳研究者則認為應該要進展到下一步（解釋），才能說是對社會科學有意義。不過，如果沒有一個被正確還原的古代史當前提，建立於其上的解釋應該也很難被信服吧！

　　至於所謂的「解釋」，目前無疑是個至高目標，帶領考古研究向前的動力。但不能忽略的是當代的後過程主義者仍質疑「解釋」多來自研究者自我主觀的立場、經驗，甚至強調根本沒有客觀存在的真實性。

　　考古研究在每個階段都有它的多樣性，以及是與非，但「從器物研究人群」則是考古學無法改變的金科玉律。故，以下暫且拋開上述的一些疑問，從正面的態度介紹傳統的考古學如何從「器物研究」開始，經復原為一種「歷史描述」，再進階到最後的「過程解釋」階段。

# 一、考古學的器物資料

欲認識器物與人的關係,我們可以先思索「器物」這種東西是怎樣從無到有,以及人類對於製造器物的認知。

想像在年代遠古的時期,一開始人類可能只是隨手拿起自然界的石頭、木頭,不經意地發現可利用它來幫助我們達成目標(例如當成工具或武器),於是重複同樣的行為,歷久便累積變成了一種模式。在這個模式基礎上再經過一段時日後,也許又發現了某種竅門(例如帶利刃的石頭或有著尖端的木棍),可以使工作更有成效,於是便開始加工製造器物。同樣在加工製造的過程中,又會累積很多經驗,形成加工技術的模式。這樣看來,一種器物的出現至少包含著兩個要素,即人群的目標需求,以及人群長期的經驗累積。

同理反想,不同社會的人群因為目標需求不同、經驗累積過程不同,理論上將不會擁有完全相同的器物[78]。舉例而言,住在山林裡以及在海邊的人群,因為對環境生態的取食需求不同,所以製造出的生業用具不會相同;縱使兩群都是住在山林(或海邊)的人群,也會因為個別文化經驗累積的過程不同,所以製造出的器物用具也不會相同。

在以上的說明中,「目標需求」相當於考古研究中的「功能」概念;「經驗累積」相當於考古研究中的「技術」概念;另外還有個「不同社會人群」的因素,對應至考古研究中的「風格」概念。於是可知,一種器物至少便蘊含著「功能」、「技術」與「風格」等三種向度要素。換句話說,當我們面對一件考古器物,原則上要將之分

---

[78] 除非藉著各種傳播途徑如接觸學習、交換貿易便能獲取同樣器物。

解、釐清是什麼功能目的？使用什麼樣的製作技術模式？以及有著何種獨特的風格外形？這是從事考古器物分析時最基本應有的認知。

舉例如圖7-1左邊的陶容器，因為它的口部窄小，所以功能上可能是用來承裝液體；從器體身上的種種跡象推測，技術上應是使用台灣常見的泥條盤築法塑形主要器身，再捏製口部及把部黏接組合，最後採露天燒製而成（台灣沒有輪製，無窯燒）；至於右圖，口部較寬大，器身下半部有煙炱痕，所以推測功能是用來燒煮，而口頸部帶有兩個小把手，但相對非常細小，不具承重器體的實質功能，所以這是一種風格層面的表現。以上就是對這兩件陶器的基本認識。

**圖7-1　兩個陶罐**

## （一）器物的功能

任何人造的器物都有它的功能與目的，即使不是生活中客觀的實質效能，可能也有主觀、象徵等精神層次的目的。但遠久過去的生活形態和今日我們的周遭經驗相差不小，所以不是每件考古器物都可以被清楚理解其功能目的。當遇及這些功能目的不明的器物時，便需要藉助一些研究手法。

以台灣考古學而言，最好用的第一個方法就是民族誌資料的參照比對。因為台灣擁有豐富的現生原住民，而史前的考古遺物也多是原住民的祖先所留下，甚至有些器物直到近代的原住民都仍在使用，或是雖然不再使用完全相同的器物，也很可能延續著類似的方法、習慣[79]。這些線索都足以供作探索器物功能的參考。

舉例而言，如何知道台灣考古中常見的打製石鋤的功能？於是搜尋、參照原住民的民族誌標本，如圖7-2便是件外形有如史前的打製石鋤被綁於木柄中，組合成一件複合的短柄鋤地用具。據此便有相當的理由推測考古發現的石鋤應該也是如此使用。類同的另一個例子如考古發現的史前石杵，從阿美族的物質資料中也發現有類似度極高的物件，於是便可參照推知它的功能與意義。

另外如石鏃、魚鉤、紡輪等，部分雖然和近代用品的質地不同，但從外形上的類似，或邏輯上的合理性，也足以參照判定其用途。又有趣的是有些考古遺物如石刀，在近代原住民社會幾乎已經沒有相同物，但文獻中曾有記載歷史時期的平埔族「收割時，用的是如刀狀物的器物，而不是像鐮刀類的農具來切斷稻梗」（康培德2001：12）[80]。藉這段文字紀錄的輔助，我們同樣能推測史前石刀的功能。

圖7-2　從民族誌資料找參考（打製石鋤與石杵的復原）

---

[79] 例如本來是用石材製的工具，後來改成金屬製，但使用的方式仍是相同。
[80] 康氏引自 Campbell, ed., *Formosa under the Dutch* 原文。

民族誌的比對也有一定的風險,例如史前台灣有種磨製非常精緻的大型石斧(被稱為巴圖或巴圖形器),常被比對成紐西蘭毛利人的儀式性用具(patu)。但嚴格說來,兩者器物的出現有廣大的時間落差與空間隔離,如果只憑著外形的相似便認定史前台灣的「大型石斧或巴圖形器」的功能和毛利人的"patu"相同,證據還是非常不足。另外,史前台灣有種稱為「樹皮布打棒」的遺物也因為和太平洋民族誌的「樹皮布打棒」外形類似,而被認定它的功能是作為打製樹皮布用的工具。針對此類問題,有研究者便表達了保留的態度,認為不宜過度武斷使用單純的比對方式(只憑著外形的類似),故提議用「有槽打棒」的名稱取代「樹皮布打棒」(連照美1979);用「巴圖形器」取代「巴圖」名稱,以避免直接涉及功能認定。

在台灣屬於舊石器時代的八仙洞遺址中曾經出土一種外形為兩頭尖,中央部分稍見凹缺的骨製「兩頭尖器」,當時的發掘者引北歐的民族誌資料推測此種器物是一種魚鉤(宋文薰1969)。使用方法是將線繩綁住其凹缺處,再包覆上魚餌釣魚,當魚咬食後,兩頭尖器便會卡住魚嘴或喉嚨而被釣起,故它也被稱為「魚卡子」、「倒T形魚鉤」等(圖7-3)。然而事實真否如此呢?總是覺得和我們今日釣魚使用的魚鉤經驗相違和?所以或許應該進行實驗試試看吧!

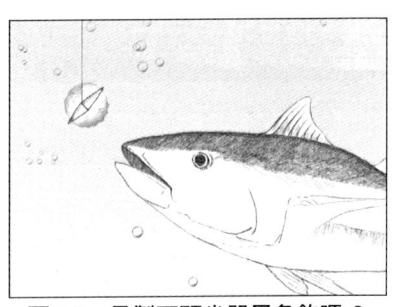

圖7-3　骨製兩頭尖器是魚鉤嗎?

「實驗」，便是另一個推定器物功能的方法。例如對上述的石刀或樹皮布打棒，可以再利用「脂肪酸分析」瞭解它處理接觸的對象，究竟真的是植物，抑或是其他？或是以仿製器物模擬使用，再觀察比對實際遺物的使用痕跡，進行所謂的「微痕分析」。同樣，近年才陸續出土的「有肩貝刀」（圖7-4左），究竟是用來切割何種對象？也許靠實驗才能得知。在台灣南端墾丁一帶出土很多「貝刮器」（圖7-4右），正如其名，台灣的研究者多半認為它是用來當作一種刮、削的工具。然而在琉球，幾乎是一模一樣的器物卻被當地研究者以實驗結果認定是敲打用的工具！

**圖7-4　有肩貝刀與貝刮器**

再一種可以協助判定史前器物功能的資訊，就是出土脈絡的概念（請參閱本書第三章）。例如台灣出土很多的玉玦究竟是如何使用？便是因為從某些發掘出土的墓葬中發現它位在死者的耳際，所以認定是一種「耳飾」。巨石中的「石輪」常出土於房屋建築的地板中央，所以最有可能是插置房屋木柱用的基礎石（陳有貝 2016）。甚至統計網墜的分布地，發現了「兩縊型網墜」是多位於河、湖、溪流附近；「砝碼型網墜」是多出現於海邊，藉此亦可以推測它們的適用功能不同。

對於器物的功能推測，較周全的策略當然是多方面的驗證，無論用民族誌的資料類比，或是實驗分析，或出土脈絡資訊，如果

都能得到一致性的答案,那就大大提高了功能推斷的可信度。

在目前台灣考古中還有不少完全無法確定其真正功能之器物,無論在民族誌或根據現代的生活經驗,或是從邏輯上的推想都很難理解。例如墾丁地區的「靴形石刀」(或稱靴形石斧),外形看來頗似鐮刀,但是鐮刀的刃線是在器身內緣,靴型石刀的刃線是在外側,所以應該是完全不同之兩物。另有些從外形上很難聯想到它的功能,可能多屬與精神、象徵層次相關,如著名的「人獸形玦」。而且台灣出土了數十件大致皆有著共同的人獸外形,可見這種表現必定含有著特定的意義。又如巨石遺留中所謂的「岩棺」,至今仍然從未在其中發現人骨或有埋葬的跡象,所以它當然不是「棺」!問題是人們為什麼要耗費那麼大的精力去製作它?包括單石、石柱、石壁等,無非一定具有某種精神層次上的重要意義吧!對於這類不是能用「理性」解釋的器物,我們有無方法可以得知它的真實含意?相信這是眾多研究者都極於想解決的問題(圖7-5)。

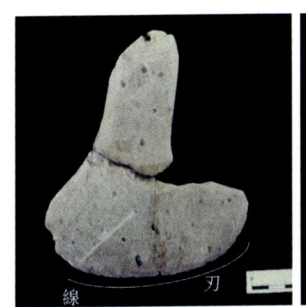

圖7-5 靴型石刀、人獸形玦(黃士強提供)、岩棺

總之,任何由人類製造出的器物基本上都該有它的功能或意義目的,考古學家費盡心思希望從民族誌的類比、實驗分析,或是

出土脈絡中探索找出答案，日後方能在這個基礎認識上有進一步的研究解讀。

## （二）器物的技術

「技術」是器物從原料到成品之製造過程所必須，整個程序所涉及的事項至少包括從材料來源的取得、工藝經驗與知識，進而形成一套具體的加工技術。在法國有所謂的「技術學派」，目的就是希望將工藝製作技術的研究標準化，企圖以一套邏輯量化的方式有效地分析「技術」。

「技術」是一套文化叢體的結合，有些須來自客觀條件，例如環境中有無製造器物之材質原料；有些屬於群體的主觀意識，如經驗與知識的學習獲得（包括傳播）。故，在研究上可以先將這兩個層次分開探討。

首先，關於客觀的材質常常是一種先決條件。如以台灣為例，因環境中缺乏某些礦石材質（如黑曜石），所以沒有發展出舊石器世界以來常見的壓剝技術，自然也沒有這類成品（如世界各地常見壓剝箭頭，唯獨台灣不見，參圖7-6）。

圖7-6 台灣只有磨製箭頭（左），沒有壓剝箭頭（右）

到了新石器時代，台灣工藝技術中最突出的應該是玉器製造，這個技術生成的前提便是台灣有著豐富產量的玉礦（雖然已知僅有一處）。此外近年的一大發現便是鵝鑾鼻遺址的貝器工藝技術，它的前提當然也是當地的珊瑚礁石灰岩海岸盛產各種大型貝殼；相對上，缺少大型貝殼質材的沙岸、沿岸地形便明顯缺乏貝器的工業。

其次是經驗、知識與技術的關係。一般而言，這類屬無形的要素很容易因傳播學習得來。如流行於東亞舊石器時代的偏鋒砍器是由一種特定的打擊技法所製成，無論它的大小、外形如何，幾乎製作技術皆相同。這種技術在廣大的東亞地區流傳了萬年以上，包括台灣舊石器時代的主要石核器都是如此製成。雖然至今我們仍是很難理解為什麼東亞多數地區都選擇使用相同的「單面連續打擊」技術[81]，但是無疑可感受技術傳播擁有廣大的影響力。

跟隨著時代發展，由經驗知識累積形成的技術變得加速、專業與多樣。代表例子就是新石器時代的最大發明—陶器。從各方面訊息皆顯示，製陶乃是世界多數地區人類的普同發明，在多處地區各別獨自發現並形成了這項技術。也許在自然界的環境中很容易發現「黏土＋火燒＝陶質物」，根據這種經驗累積成技術知識，從而發明了陶器的製造。

製陶的整個過程中，一個關鍵技術乃在於火的溫度控制，故進一步人群必定時而精進這門技術，當後來又在環境中發現「某礦物＋高溫火燒＝玻璃」、「某礦物＋高溫火燒＝某金屬」等，玻璃器及各種金屬器便在人類社會中誕生，這就是藉著經驗、知識的累積所形成的技術精進現象。

以上是指探討器物的製造技術時，當地的物料材質、經驗與知識，以及外來的傳播因素都是須考慮的基本要項。最後還有一點不能忽略的是：人是文化性的動物，所以經常透過文化而影響上述要項，增添了技術討論的變數。試看以下幾個例子。

就台灣環境條件而言，玉礦的存在使得玉器的製作成為可能。從考古資料所見，無論是生活面或是墓葬中的陪葬品，一些玉器被

---

[81] 如歐、美、非便不是這種製法。

製作的相當精緻，顯然是社會上具有一定價值，非常被看重的物品。而這樣的文化背景又將促使史前台灣人有充足的理由與動力去精進製作玉器的技術。觀察台灣諸多玉器種類，如帶四突起的玦，或人獸形玦都運用了一般石器不見的技法。其中最具特色者便不得不提一種被稱為玉管的器物，它的外形長約10~20公分，呈中空管狀（圖7-7），製作這類器物的關鍵技術就在如何不偏不倚，於細長的棒狀物中央縱穿出一個長孔？當時甚至是沒有金屬工具！這種獨特的技術在其他地區至為少見，就連東亞大陸號稱最燦爛文明的玉器社會（如良渚文化）也無發現。玉管是個裝飾品，這個長孔沒有使用上的絕對必要性[82]，故不得不令人懷疑製作者頗有「炫技」的心態。總之，因為玉器的文化性角色，伴隨發展出特有的技術。

和上述正好相反的例子是金屬器和玻璃器的製作。一般而言，這是在陶器製作工藝成熟之後非常容易生成的技術，台灣可能也不例外。部分遺址資料指出在距今約2,000年前後可能有一些鐵器等金屬器的製作，其中尤以舊香蘭遺址的金屬器與玻璃器的製作證據更是直接（李坤修2005）。但問題是這個技術並沒有隨之擴展或深化，主要原因是當時不久後便進入了航海貿易的時代，金屬與玻璃藉著貿易交換等更快捷的方式進入台灣，故自我製造的技術反而不再顯

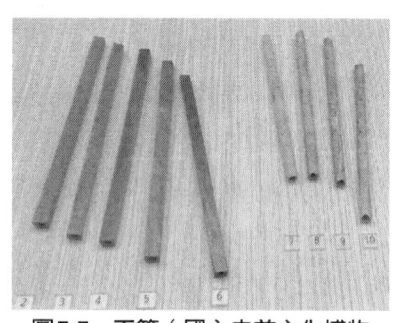

**圖7-7　玉管（國立史前文化博物館：卑南遺址）**

---

[82] 另有「玉棒」，是兩端各帶有一孔的實心棒狀物。它的外形和玉管類似，但製作便相對簡易，且同樣以兩端的孔即可繫線串穿當成裝飾物件。

重要。甚至台灣人最後連陶器也不再自我製造了,轉而使用大量外來進口的陶瓷。台灣史前的考古遺址幾乎都出土形形色色豐富的陶器,但是近代多數的原住民卻都不知陶器、金屬與玻璃的製作技術。這又是一個因社會文化而影響器物製造技術的現象。

總之,人類的器物製造技術基本上來自對自然界之認識與經驗的累積,但同時也受到傳播與各種社會文化脈絡的影響。相較下,「技術」不如前述的「功能」那麼具體而客觀,也不似後述的「風格」那麼直接連結到人群的文化脈絡,在研究上比較屬於隱性的變項。

## (三)器物的風格

考古學所言的器物「風格」指的是一種由集體的形象意識,無論原因是有意、無意、傳統或外來風潮所產生。它的含意有點是對立於前述的客觀「功能」,即不是基於生活上的實際功效需求,而是出自文化群體的主觀表現。

東亞新石器時代早期陶器上普遍有「繩紋」的紋飾就是一種廣泛流行的風格,很難從功能面的角度理解這種繩紋現象[83]。在台灣,陶器表面的繩紋紋目還隨著時代集體轉而趨細(粗繩紋→細繩紋),同樣也是一種地域性集體風格的表現。到了新石器時代晚期至鐵器時代,部分地區的陶器紋樣變成了刻印的幾何形圖案,有些區域的陶器則是趨向素面,沒有紋樣,都是屬於各自的文化風格展現。

不只紋樣,陶器的形態也能展現風格。「三足器」可以說是非常具有中國形象的器物,也許直覺上認為容器的「三足」應該是為

---

[83] 曾有意見表示陶容器表面上的繩紋可以增加粗糙度,讓容器的持握更安穩。但因為很多繩紋也會出現在非持握用的器面上,所以這種功能性的說法已少被接受。

了可以站立的「功能」,而非風格上的表現。不過,又為何在中國以外區域不做三足器?況且三足也不是陶器站立的必要條件,製作「圈足」或將器底修整為平底、凹底都可以站立。所以,「三足」是中國陶器特有風格之一,縱使我們還是不明白為什麼當時對「三足」如此愛好?

部分風格的生成則是有脈絡可循。例如前文提到陶器上的細小把手,它本身並無實際可承擔起陶器重量的作用,所以無疑只是一種風格表現。但我們如果進一步觀察該地區各時代的陶器外形,還可以發現:原本陶器的把手乃是厚實具有實際功能,後來才漸漸演變成沒有實際功能的小把手。換言之,原本是一種功能,日子久了才演變成一種風格。這個例子表示風格和「傳統」的概念有關。

一般器物的風格以「裝飾品」類別較顯著,如「玦形耳飾」是廣大區域的人類普同,但是帶有「四突起」的玦形耳飾就是限於某些區域的風格,而且台灣還特化成著名的「人獸形玦」,成為本島獨一無二的風格(見後文圖7-12、7-13)。

由於風格是一種意識層次的表現,所以研究上並非容易可用客觀、邏輯來理解。圖7-8是在淇武蘭遺址發現的若干幾何印紋紋

| 代號 | 樣式 | 代號 | 樣式 | 代號 | 樣式 |
|---|---|---|---|---|---|
| g30 | ∧∧∧ | g59 | | g88 | |
| g31 | | g60 | | g89 | |
| g32 | \|\|\| | g61 | ∧ | g90 | |
| g33 | | g62 | | g91 | |
| g34 | | g63 | | g92 | |

圖7-8　淇武蘭遺址的圖案風格舉例

飾，乍看之下可以感受到它們似具有某種風格，但卻很難以客觀描述形容。再經深入的觀察後，有時或可以找出一些共同性，如這個例子絕多數的紋飾都是由斜線構成，少有垂直與水平的線條，故能營造出某種意象，這種特徵也是當時的一種風格。

總之，「功能」、「技術」與「風格」是考古學對器物研究的三個基本面向。對考古器物或要素，可藉釐清它在這三個向度上的表現，以獲得一個較完整的認識。

最後，再稍補充一般考古研究對石器、陶器在上述三面向的大致看法。

多數以石質材料製成的器物是偏功能面向，如最常見的打製石鋤，主要功能是作為鋤地的工具，只要器身上帶個粗糙的刃端即可使用，至於外形風格全然不是重點[84]。同樣如網墜，它的重點是可以藉著重量將漁網帶入水中，達成這種功效才是目的，風格、外形都相對可忽視，所以一般製作出的成品也較粗略。其他如石錘、磨石類的器物都是如此。

相對而言，陶質的器物除了有「功能」效果外，因為陶的材料來自黏土，容易自由地塑造出外形，甚至刻劃上紋樣，所以易於呈現出當時人群在文化傳統、美感或思想意識上的風格表現。這也是為什麼研究者對陶器投下很多心力，正是因為陶器的性質除了有功能性目的外，也含有很濃厚的風格意念。

再如前面提到的東亞早期陶器流行著繩紋的風格現象，透過進一步復原發現，其中的大陸與台灣的繩紋製法是先將繩子綁於木拍上，再於陶土燒製前將紋飾拍印於陶容器表面，即所謂的拍印式

---

[84] 研究者曾經希望對台灣的打製石鋤進行外形分類（參閱陳仲玉 1994），但迄今沒有一個具體成果。這是打製石鋤乃以功能為主要取向的證明。

繩紋；日本列島的繩紋紋飾製法則是直接將繩子滾壓於燒製前的陶容器，和前述地區的技術不同。由此看來，當時影響整個區域最鉅者還是繩紋風格，技術乃屬其次。

## 二、從器物到人群與文化

研究者先以各種方法、技術盡力榨得考古器物內含的資訊，接下來便是從這些訊息探索其背後的人群、文化與社會。

然而，從器物到人的關係相當多元？試先思考以下的各例：

假使考古學家在台灣某遺址發現了中國漢代的銅錢[85]，據此是否表示：

1. 在中國漢代曾有漢人來到台灣，所以帶來了這枚錢幣？
2. 在中國漢代，中國與台灣存在某形式的交流或貿易，所以傳入這枚錢幣？
3. 約在中國漢代的時期，台灣社會有銅錢的使用，所以流傳著這枚錢幣？

以上便是從一項器物的發現，推測至人的移動、貿易交流、社會制度等文化行為。當然因為推理過程過於單純，幾乎毫無可信度。

第一，器物不一定是隨著人群直接帶入帶出，還有很多其他途徑，包括貿易交換也屬常見，所以只是單純漢代錢幣器物的發現不能直接連結到漢人的來台。

第二，該枚若屬鑄造於2,000年前的漢代古銅錢，也可能是經過很多輾轉過程才來到台灣，如先流傳到甲地，到了1,500年前流傳到乙地，1,000年前又到丙地，最後到了某個時期才來台灣。所以我們也無法藉由銅錢的鑄造地區或使用年代當成斷定它出現在台

---

[85] 如舊香蘭遺址曾出土中國五銖錢。

灣的根據。

　　第三，縱使台灣發現古代錢幣，也不代表有「錢幣」的使用。相反地，直到晚近，台灣南島社會的交易型態都是「以物易物」，沒有貨幣經濟制度。據若干研究還顯示，原住民社會中的「錢幣」並不是當「錢」用，多是作為裝飾品或具有儀式性意義的一個物件（吳佰祿2012）。

　　由以上可知僅從一件器物的表面所見，並不能過於理所當然地連結到人群、社會與文化上的特定意義，一定要從各方面再多增加一些訊息。一個簡單的例子如圖7-9的三種陶容器雖都是出土自宜蘭淇武蘭遺址，但加上一些數量上的統計後，發現其中左圖的瓶與右圖的大陶罐的數量都極有限，只有中間的小陶罐的數量非常多。據此才有較充足的理由假設中間容器應是原出自當地，而圖左的瓶與圖右的大陶罐有可能是來自外地。再經查閱他地的資料，證實該種「瓶」以新北市十三行遺址較多；「大容器」以花蓮最多，便能更肯定它們原本各自的製造地。於此例，數量便是一種有效的輔助資訊。

**圖7-9　宜蘭淇武蘭遺址出土的三類陶器**

　　可以增加器物資訊的方法各式各樣，很難有個一致準則。一

般,如參考「民族誌」,或利用「實驗分析」先確認器物的功能意義,再歸納器物的「分布時空」後,通常便可累積出某程度的成果。以下便略舉筆者個人曾進行的兩縊型網墜與石杵的研究為例,說明這種方法模式[86]。

### 1. 兩縊型網墜

考古學所稱的「網墜」,指的是綁在漁網的邊繩上,藉著它的重量讓漁網可以沉到水中的物件。從史前直到現代的漁網,網墜都依然存在。網墜的功能純粹實用,所以多數都不重視外形,古代常見就是找個適當的石頭簡易打製加工,只要做出可以綁住網繩的缺口即可。這就是世界各地常可看到的砝碼型網墜。

但是台灣很特別,還有一種分布很普遍,被稱為兩縊型的特殊網墜,它的外形是選用長形石子,在近兩端處刻有細槽,和前述的砝碼型網墜的外形完全不同。過去研究曾觀察發現:兩縊型網墜和砝碼型網墜的分布區域呈現對立,前者常出現在台灣西海岸;後者常見於東海岸。以上,若是資料只停留在這裡,我們用一般思考的模式或許會導向為:兩種網墜應該是出自不同的使用人群與文化。

但是,首先以「實驗方法」發現,兩縊型網墜其實是一種稱為「投網」之漁網的物件。所以出土有兩縊型網墜的地方不僅代表該地有用網捕魚,而且是使用所謂的投網技術來捕魚。

其次,搜尋「民族誌資料」,發現兩縊型網墜到了晚近的原住民時代仍有持續使用,這種投網技術對台灣環境有高度適應性。它的含意是:一種使用簡單,維護容易,由個人操作,宜於淺水區,不適合較深的海洋,經常是農民們在農閒時期的抓魚所使用的

---

[86] 詳細請再參閱陳有貝(2022)。

漁具。

最後，集結所有兩縊型網墜的「時空分布」，發現空間上它果然是多位於溪河、湖泊或較淺的海灣區域；時間上果然從新石器時代到晚近皆存在，而且僅見於台灣島，不見於其他。於是最後得到個結論是「投網」是台灣非常普遍，古老又特有的捕魚方法。而且延伸可知：因這種技術是農民的兼職捕魚，所以它的廣泛存在是反映著史前台灣農民、農業的盛行（反而和漁民無關）。同時因為出了台灣島之外就幾乎不見兩縊型網墜的蹤跡，故推斷古代台灣人根本沒有外移到島外的事實[87]。以上即是藉著「民族誌」、「實驗分析」、「分布時空」等方法，從考古發現的一種器物導引出史前台灣農業的普遍性，以及台灣島文化的封閉性等結論！

2. 石杵

在花東地區的考古遺址中經常可以見到一種外貌為長圓柱體，通體琢打製成，一端帶有敲打消耗痕跡的石製棒狀器物，考古界稱之為「石杵」。然而一般人所知的「杵」都是木製，用石材製成的石杵到底是一種什麼樣的器物？從考古研究又可得到怎樣的認識？

根據「實驗」，杵乃配合著臼使用，且以木製最為適當。因石杵的製作時間長，使用費力，各方面都不合效益。再據「民族誌」，如19世紀初，有因船難漂流至台灣東海岸的日本人曾親眼目睹了阿美族的石杵；20世紀的人類學家們也利用文字、圖畫、影像來記錄石杵的存在。民族誌還記載，石杵是特別用來處理小米的用具，而因為小米在原住民社會中是帶有神聖性的食品，所以用來處理含有神聖性的小米的石杵當然也附有神聖的象徵意涵。至此，我們終於可以理解，為什麼人們願意花費較多的時間與勞力代價以石材來

---

[87] 這個說法和「台灣是南島語族的源流地」正好對立。

製作及使用一種「不合經濟效益」的石杵，而不是簡便地使用木杵。

歸納石杵出土的「時空分布」資料後發現：石杵的存在時代從史前數千年前一直到近代幾乎從無間斷！出現的區域則限於花東沿海與縱谷一帶，部分在恆春半島最南端。這個範圍很有意義，因為正和我們所知道的阿美族人的分布地幾乎一致，而且一旦離開了這個地區，無論台灣島內或島外便一律看不到相同的器物了。

綜合上述得到的結論：台灣東部的人們從史前以來到近代都一直延續使用著石杵，因為它是一種含有神聖、象徵意義的器物，所以代表著當地人一直是共享著某種精神或行為價值。又因這種「石杵行為」和阿美族人的分布地一致，所以能據以證明阿美人數千年以來在東部的活動[88]。

上面兩個例子的研究方法非常類似，基本上都是用「實驗分析」探索器物的功能；運用「民族誌」理解其對人的意義；從該器物的「分布時空」導引出人與文化的相關結論（圖7-10）。

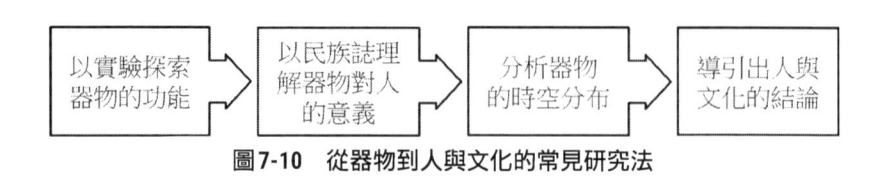

以實驗探索器物的功能 ▶ 以民族誌理解器物對人的意義 ▶ 分析器物的時空分布 ▶ 導引出人與文化的結論

**圖7-10　從器物到人與文化的常見研究法**

## 三、考古研究的常用概念

補充其他若干考古研究的常用概念如下。

---

[88] 有些文獻、傳說認為阿美人在台灣東部不過僅有數百年歷史。

## （一）器物集合[89]

前述多屬單件器物的研究，而就一般場合，整組多件的器物（或稱「器物集合」）帶來的訊息量更為豐富。

「器物集合」由多樣的器物交織釋放出訊息，更接近我們實際的生活狀態。以容器為例，試想現代人的餐桌上一定不會單單只有一種容器餐具，而是多件各不相同各有功能的容器餐具。而在餐桌之外，作為廚房煮食之用又會是另一組的容器；如果特別是作為待客之用，容器餐具又可能不同。以上這三組容器集合之中，有些容器可能為相同的交集物，有些則是各自場合的獨有物。單從一個物件是不足以理解它代表的行為意義，必須以「整組」的概念來認識。

對於整組「器物集合」的分析，可以先從觀察器物的性質／數量著手。例如，一般認為同時期陶容器的種類愈多，是因為有著多樣性的糧食處理需求的結果，所以代表的是農耕的盛行。同理，用於狩獵的箭頭器物愈多樣，代表狩獵的對象豐富，技術也趨向精緻專業；或是用於漁撈的魚鉤、網墜亦是如此，器物的多樣性與該項產業的盛行成正相關。在太平洋一些島嶼中，魚鉤的種類形形色色，無疑是最為出色的產物，這種現象正是和它發達的漁業相關。

除了物的種類外，加入數量當然也具有意義。根據非正式的統計，台灣史前遺址出土最多數量的石器是打製石鋤與石錛，這兩種器物的功能不同，一個是農具，一個是木材的加工具，但是它們卻有個共同的交集便是「山林」活動，這樣便產生了個有用的訊息。

總之，以器物集合為資料要遠比單一器物更具證據力。

---

[89] 和本書第二、三、五章所述的「器物組合」意義不同。

## (二)本地與外來

將遺址出土物分辨出「本地物」與「外來物」是研究常見的基礎工作。關於進行這項作業的方法,「數量」是一個較容易的粗略參考。如前述淇武蘭的陶器舉例,通常本地物的數量多;外來物的數量少。但「數量」如果不夠絕對,那麼就只能視為是一條線索,還要其他證據補足,例如材質或其他屬性(風格、技術等)的判斷。

「材質」是一種相對客觀的判斷證據。在台灣的西南部曾經出土不少「橄欖石玄武岩」製的磨製石斧(圖7-11),因一般認定台灣本島並沒有這種岩石,所以向來推測這類器物該都是外來的。果然後來真的在澎湖發現了「橄欖石玄武岩」的器物製造工坊遺址(七美遺址)。又如據目前所知,台灣僅有花蓮豐田一帶有玉礦出產,所以一般只要不是花蓮地方的遺址出土的玉器都可歸類為外來品。即使是陶質的器物也能分析其中的礦物組成成分,推測該陶土的可能來源地。

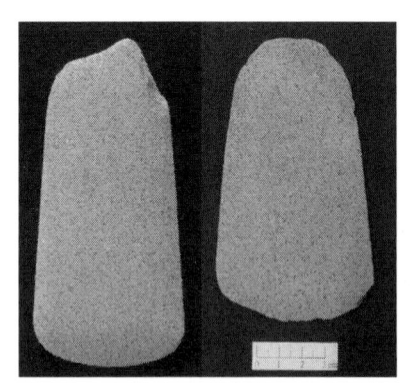

圖7-11 從材質可判斷是來自澎湖的橄欖石玄武岩石斧(牛稠子遺址)

當然,材質是一回事,製作又是另一事。從A地獲得的材質,不一定非得在A地製作,所以「技術」也是項判定的標準。台灣的考古學家可以很輕易的辨別何者為本島的史前陶器,何種為外來陶器,原因就在它們的製作技術完全不同(參閱本書第四章)。但其中也有要注意的例子,過去考古學家曾以為史前台灣沒有高溫技術,所以不會製造金屬、玻璃等器物,從而對各地遺址所見的金

屬、玻璃這類器物都推論是外來物。然而數十年後卻在某些遺址中發現了製造金屬、玻璃的證物，新發現立刻推翻了過去的看法。所以，無論是根據「材質」或「技術」，推測與結論都可能依新證據而改變。

「風格」又是另一種判斷指標。本地製造的物品多承載著當地的文化與傳統，所以通常可於時間縱深中找到相關風格脈絡的器物；外來物則是充滿著違和的異文化色彩。

使用客觀理性的指標（如前述的數量、材質、技術）做類別判斷是較符合科學精神的方法；可是有時加上富有意識角度的「風格」感受反而較有說服力，畢竟這是涉及人文社會的課題。

以台灣相當常見的玉器為例，人獸形玦的風格非常突出，不僅和傳統的四突起玦有演變脈絡關係（見圖7-12左2圖上方的玦與獸），尤其對於它人身頭上頂著的那頭獸，有研究者就認為可能是稀有少見的本土動物[90]，彰顯特殊的本土價值意義。相對而言，如

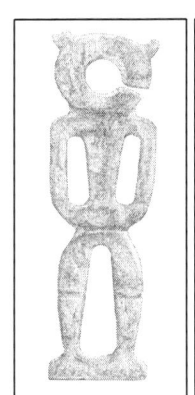

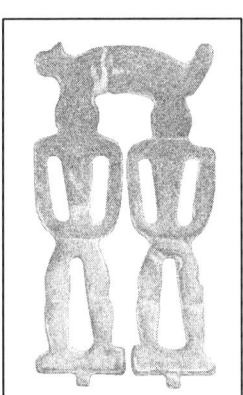

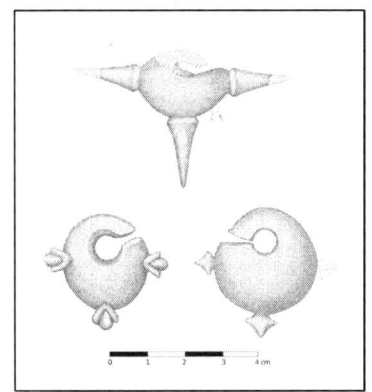

圖7-12　不同文化風格（左2台灣與右非台灣）的器物

---

[90] 例如雲豹、石虎等，很富想像思維，雖缺實質證據。

被稱為三突脊的玉器,雖有看法表示這類物品的材質是台灣玉礦,故是台灣產物。然而就整體風格而言,這種形態似乎充滿著東南亞的氛圍,和台灣本土的形象差距甚遠。我們如果觀察相關器物的數量,的確,人獸形玦僅有台灣出土,不見於外地;三突脊玉器剛好相反,在台灣僅極少數,多數都見於東南亞,加強證明了這種物品應是出自東南亞的製作。

## (三) 普同與特有

研究上有所謂的「普同」與「特有」的概念。前者指多數人群所類同、共有的行為或發明,或是從很古老的時期便已經廣泛傳播至各地了;後者是特定人群獨有的行為或發明,清楚僅限見於某特定區域。

若以台灣史前常見的器物而言,石器裡的打製石鋤、箭頭、砝碼型網墜,陶質物品中的紡輪,裝飾品中一般的玦、環等都是普同性器物,在世界多數地區可以見到類似品。這類性質的器物在研究上對於標誌人群或文化特徵較不具代表性,不能過度當成解釋的證據。另如台灣石器中的靴型石刀、巴圖、兩縊型網墜、石杵,陶質物如鳥首狀器[91],或是裝飾品中的人獸形玦、玉管等,這些則是史前台灣所特有,有較高程度的代表性。

分辨出普同性與特有性才能較適當解釋一些文化現象。有一個例子是台灣的「巨石」,這些遺物或遺構出現約在距今3,000多年前的東部,具體內容包括單石、岩棺、石壁、石柱等,一般總稱為「巨石文化」。因為世界上有很多地方都有名為巨石文化的發現,所以不免令人聯想台灣的巨石文化是否和世界其他巨石有關,例如

---

[91] 多見於台灣南部鐵器時代遺址。

是不是來自地理上鄰近的東南亞巨石文化?其實,所謂「巨石」,就是人類在巨大石頭上加工的產物,我們很難解釋人群們為什麼會有這種嗜好或心靈需求,不過現實上這就是一種多地區人群皆有的普同行為,所以很難僅根據「巨石」概念這個單一要素來連結傳播關係。

對於台灣巨石,我們應該看到的是它的特有風格,例如單石(有帶肩與帶槽)、岩棺(四邊帶突起)的表現特質[92],如果在海外看到了類似特徵,才能說可能有親緣或傳播上的關係。總之,「巨石行為」是普同;「台灣的巨石」是特有。

豐富的世界民族誌與考古資料是協助判定哪些產物是「普同」還是「特有」的主要參考。如作為耳環的「玦」,因為世界各地多有同型品,所以毫無疑問它是種普同美感下的產物,不能當作親緣或文化接觸傳播的證據。但是台灣變形的「帶四突起的玦」呢(圖7-13)?相對似有某些「特有」的風格,以致於過去在中國南方的石峽遺址也出土類似的四突起玦後(廣東省博物館等1978),引起一番可能有(粵、台)傳播關係的議論。然而進一步觀察後,發現除了「四突起玦」外,兩地卻毫無其他資料可作為傳播的輔證,故暫時也只

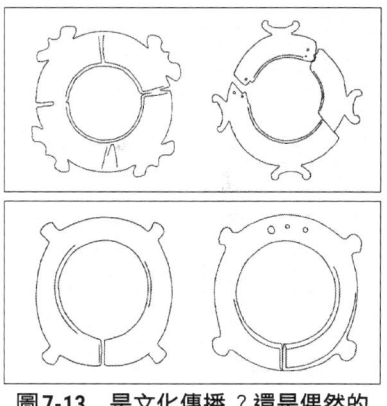

圖7-13 是文化傳播?還是偶然的風格雷同?(上:廣東石峽遺址;下:台灣卑南遺址)

---

[92] 參閱宋文薰(1980)。

能想像即使「風格」，偶然也會有些恰巧的雷同吧[93]！

## （四）新發現與無發現

　　在考古學的世界裡，「新發現」無疑是最令人興奮與期待。新的發現帶來新的證物，可以用來加強、補足與證實研究者的假設，有時則推翻了舊理論，造就新的說法。新發現也將引來社會媒體的注目，即使是考古專業者也常常在不知不覺中受到這種鼓勵的感染，努力尋求「新發現」。

　　然而，學術上還是應該回到如何客觀看待「新發現」。關於這點，可以從「無發現」談起。

　　「有發現」固然重要，「無發現」也非沒有意義。「沒有發現」也是一項情資，有時還頗關鍵。我們也許常聽說：「理論上，現在沒有發現不代表未來不會有發現，換句話說，就只是現在還沒發現而已，未來仍有可能發現！」例如當談到台灣是南島語族起源地這個議題時，如果現在沒有發現證據，那麼是還要堅信未來一定會發現？還是就應該放棄這個想法！

　　從科學精神的角度，假若是今天我們已經做了很多調查了，但結果仍然是沒有發現。那麼，客觀上、邏輯上都應該要說：「未來即使會發現，在統計上應該也是極少數或微不足道吧！」證據會有新發現、被改變，但邏輯是不會被推翻。

　　面對同一種現象，理解的方向不同導致了分歧的想法，在考古學上還有不少例子。如下為「台灣與琉球列島的史前關係」的研究個案[94]。

---

[93] 翻開世界資料，其實連非洲也有類似四突起的塊。
[94] 請參閱陳有貝（2022）。

台灣與琉球在地理上非常鄰近，而且還有著名的黑潮穿越兩地，在這種自然環境的條件下，可以想像在沒有國界限制的古代，兩地的人群來往一定是相當密切。於是歷來有若干研究者費心探尋兩地史前遺物的類似性，希望找來考古證據支持。然而，事與願違，在多年的努力下仍然未見具體的成果。所以，這時候我們除了堅持不懈的進行調查外，是不是也該考慮拋棄原有的想法，思索其他可能呢？

　　本來看似理所當然的事，結果卻不是如此，這反而很有意義，很值得探索其中的原因。如果是台灣和琉球兩地出土類同的考古遺物，這樣的發現其實一點都不意外，因為本來鄰近的地區，有人群、器物的往來流動就是意想中的事。反而是「沒有發現」才更有意義、更值得探索，是不是兩地之間存在著什麼樣難以跨越的無形界線！

　　類似的現象在周遭還頗多，例如台灣是個海島，但是從考古裡出土代表海洋漁業的「魚鉤」卻極稀少，又是顛覆了我們原本的想像。釣魚不是一種非常簡單、普遍，從遠古就存在的技術嗎？整個東亞的沿海、太平洋的海島遺址有著各式各樣發達的魚鉤，但唯獨台灣為什麼是個特例？

## 四、結論

　　器物是考古學研究最基本常見的材料，本章前面討論了如何從考古器物進展為人與文化的研究。對於器物，基本上可以從功能、技術與風格等三個角度進行檢視，這三個屬性不一定具有等同的比重，有些器物著眼於功能，有些可能偏重技術或風格表現。

　　掌握了器物的基本訊息，接下來是將眼界連結到人的世界。

可以參考民族誌、進行實驗分析,並廣泛收集資料,從其時空分布現象導引至對人群活動的認識。

　　以上是僅以器物為一例說明,實際上可以作為考古學研究的資料千千萬萬,所以探索方法也是要發揮所長、各顯本事。尤其近年在這個領域裡發展出很多新的科技方法更是常躍於媒體,獲得了更多的歡迎與信賴。

　　但是不管前面用任何方法所獲取來的資訊,最後都還是要轉換成人與文化的討論,而且考古研究的對象有它獨自的人文特性,是無法單從自然科技的角度解明。所以,我們或許可以把考古研究分成前與後兩個階段,前面將考古遺留變成資訊的過程是可以大力運用自然科技;後面將資訊解讀成人文社會議題的階段則務必回歸人文學科。

　　這一切都是因為「人」這個動物會使用各種「文化」手段來介入原本的自然規律。如前面之舉例,利用自然科技檢驗出台灣擁有外國製造的玻璃珠後,接下來可能會有多少解釋模式呢?現在常以人骨的DNA分析當成研究人群、族群的親緣與移動的有力證據,但是回頭想想我們的社會中有多少親子關係根本不是來自生物上的血緣。而所謂的人類「族群」和生物族群有多少差別呢?現在的文化人類學家甚至主張眾多族群的形成也都是文化作用的結果。

考古學概論
INTRODUCTION TO ARCHAEOLOGY

第二篇
# 考古學與我們的社會

# 第八章
# 考古研究的社會意義

考古學是研究古代的學科,它對於我們現代的生活有什麼意義?

## 一、考古學的視野

因為考古學兼有歷史學與人類學的特質,所以先從這兩學科的角度思索上述問題。簡單而言,考古學有如歷史學一般,知道了過去,可以讓我們更清楚認識現在的自己,並且推想未來;或如人類學,理解我們與他人的文化,可以幫助自我接受文化差異,尋求人與人之間衝突的解決之道。而且,考古學的特別所長還在於:跨越的時間、空間更長遠與寬廣,所以獲得的答案會較其他學科有更高的視野。

以下試以二例,說明考古研究可以帶來的不同啟示。

### (一)文明的真相

一般人若是對遠古的過去有興趣,多數莫過來自對所謂「古文明」的憧憬。但是透過考古學研究認識了「文明」的真相後,可能又會產生另一番不同的想法。

「文化」與「文明」都是社會上的常用語,另方面也都是不折不扣的學術專門詞彙。在社會科學領域,對「文化」與「文明」有很多討論與定義。簡要而言,「文化」指的是人類於生活中的各種

創造,包括有形與無形產物;「文明」指的是人類的文化發展到某個複雜階段,尤其是出現了「文字」、「青銅器」、「都市」等特徵時,便可視為「文明」階段。兩個詞彙的相關性是:凡人類都有文化,文明則是文化發展的某個狀態;有文化不一定有文明。無論在考古學、人類學的領域裡,這兩個詞都不含價值判斷,只是用來表明一種人群社會現象。

現在社會上多數人對「文明」似乎都抱持著一種進步、正面的肯定態度,然而文明的真實性是如何呢?除了史學家的各種看法外[95],考古學家也可以從證據告訴我們。

以一般較熟悉的古代中國而言,文獻可及的歷史大致可以推溯到距今約3,000年前的殷商時期(晚商)。從1920年代起,考古學家便在其舊址進行各種考古調查發掘,歷年來出土了包括城址、宮殿宗廟、王陵墓葬、技術工坊、青銅器、甲骨文,以及各式各樣的考古遺留。因為有明確的「文字」、「青銅器」、「都市」等特徵,以及各樣證據的輔助,這無疑可稱得上是一個標準的「文明社會」。

多數人應該比較感興趣於雄偉的建築、巨大的陵墓、高度的工藝技術等考古發現,這絕對是集人群大眾才能創造出來的偉大成果。然而也不應忽視這種現象的背後有著如極端權力的壓迫、森嚴的階級制度等極為現實的負面代價。

在殷墟的遺址中不乏可見所謂之「殺殉坑」,裡面的人骨不是呈現著被活埋的慘狀[96],要不就是整個坑內堆置了數十個人的頭骨,或一整個坑內都是被砍下頭的軀體。他們可能是平民、奴隸、戰俘

---

[95] 寫史書的人或是史書裡所記載的對象通常都是特定階級,有時候會失之主觀。
[96] 有綑綁狀、爬行狀等。

或其他身分,皆因當時「文明」社會的背景而被喪生。

殷商時代最有名的工藝器物無非就是青銅器。據復原,當時由專職的工匠以成套的打造工序製成,這些青銅器多數都有一定的禮法意義,各種規定相當嚴格,是上層社會專有的寶物。現代以美學或工藝技術的角度對這些青銅器大加讚嘆之同時,切勿忘記它們是當時的工匠們專為貴族王公等權力者所製造,可以想像製造者的心情必然是戰戰兢兢,一有不慎,甚至可能被天子諸侯們處死。這些青銅器得以成為傑作,真正原因是匠工們當時面臨著生死交關之壓力下才有的產物。現代人於欣賞古代人類極致工藝之同時,也該看到背後殘酷的事實。

但是人們似乎都有一種愈古老便愈美好的想像,總是將古代幻想、描寫成理想世界。這種奇怪的傾向在20世紀前半終於被中國的著名學者顧詰剛戳破。顧氏提到在中國史書記載裡有很多根本是想像者的偽造,最有趣的一個現象是:隨著時代愈晚,人們描寫出的古代社會卻愈是年代古老,內容也愈完美。

例如:「時代愈後,傳說的古史期愈長」。如周代人心目中最古的人是禹,到孔子時有堯舜,到戰國時有黃帝神農,到秦有三皇,到漢以後有盤古。「時代愈後,傳說中的中心人物愈放愈大」。如舜,在孔子時只是一個「無為而治」的聖君,到〈堯典〉就成為一個「家齊而後國治」的聖人,到孟子時就成為一個孝子的模範[97]。這種邏輯顯然是有問題的,所以創造出來的故事當然也多是假造,考古學家的任務之一便是找證據去糾正這類深深誤植人心的事。

可以理解為什麼有些研究者喜好談「遙遠神秘的古代文明」,因為這類議題對於大眾向來就有著莫名的吸引力,人類總是喜歡緬

---

[97] 參閱許冠三(1983)。

懷過去，愈古老便愈美麗。但是如果只從很稀薄的證據便要得出：古文明是人類的理想盛世；古代人是充滿智慧等結論，這就要好好的再商榷一番了。

在考古學的研究定義裡，台灣從無古文明。古代台灣沒有城、沒有文字，青銅器的產物也微乎其微。但沒有這些指標的非文明社會不見得就比較不幸福、不快樂！

## （二）傳統的真相

每個族群社會裡幾乎都有自認是源出傳統世代相傳，或是由外界引入之文化要素的區辨。「傳統」或「本土」被視為來自古老祖先們所留下；「外來」則是源於自我群體以外的世界。兩類要素在社會中都有各自的意義與作用。

因此考古研究的基本作業之一便是將遺址裡的出土物區分出本土物與外來物，這個工作並不困難，通常藉著器物的材料、風格、技術或數量等即可以辨識[98]。

台灣考古在這方面的議題尤為重要，因為台灣是個四面環海的島，一方面可以說它很「孤立」；另方面又是異常容易接觸到外界[99]，所以是個實踐本土物／外來物比較研究的良好田野地。

以目前的研究成果而言，台灣島的文化要素很明顯地隨著時代愈晚，外來物的種類及數量皆增多，特別到了近數百年前，這種趨勢更加劇烈。通常，外來的要素一開始多表現在具體有形的器物上，著眼在功能上的效率與便利性。日後可能逐漸侵入至無形的精神層面，表現於象徵性的行為。而最後可能還會變成為一個文化叢

---

[98] 請參閱本書第六章。
[99] 對於不會航海者而言，海洋是個屏障；對善於航海者，海洋是四通八達的大道。

體，取代原有的本土文化形貌。

若大致舉例[100]，近代台灣的陶器與瓷器的使用消長變化便是個很清楚的代表。相對於台灣自製的陶器，瓷器是個完全的外來物。最初的外來瓷器僅會出現在文化層，代表是生活中的使用物；後來，外來瓷器便出現在墓葬中，成為一種具象徵性的陪葬物，意義完全不同（圖8-1）。又剛開始，雖然有外來瓷器，但和本土陶器是兩種截然不同的用途，其中使用在日常飲食行為中的用具仍以本土陶器為主。但後來，飲食具發生明顯的改換，以瓷器取代了陶器，代表與傳統生活最相關的飲食行為也逐步變化。類似這種現象在已知的歷史過程中並不特殊。

圖8-1　將外來物當成陪葬品（淇武蘭遺址）

從某個時間橫斷面來看，社會裡的「本土」和「外來」元素完全是截然兩分，多數人群都能清楚分辨。對「本土」賦予的意義多屬本質的、傳統的、祖先的；「外來」相對是屬異質的、新式的，與傳統脈絡無關者。

但若是據考古研究從較長的時間刻度來看，又會得出什麼樣的結果呢？所謂的「傳統」和「外來」就沒有那麼絕對了，很多表象都是人為文化刻意操縱的結果。以下有兩個典型例子是說明人們常常引以為重的祖先古物，其實源頭卻是和傳統、本土最無關的外來物。

排灣族是台灣南部的原住民。在他們的社會中，古陶壺、青

---

[100] 可參閱淇武蘭遺址的研究資料（陳有貝 2020）。

銅刀、琉璃珠（圖8-2左）被當成是祖先留下來的三種寶物。然而根據考古研究，這三種器物最早都不是源始於當地。陶壺在排灣族早期的考古遺址中並無類同發現，青銅刀與琉璃珠也都是晚近才流入部落中。換言之，若據考古證據，這三種都是外來物，不是出自傳統文化。

同樣的情形也見於蘭陽平原的噶瑪蘭原住民。當地遺址曾經出土製作得非常精緻的「金鯉魚」物品（圖8-2右），根據文獻（噶瑪蘭廳志）裡的記載，提到「老番誇為祖製，雖貧不肯鬻於人」。也就是說在噶瑪蘭人的眼裡，「金鯉魚」乃是祖先傳下來非常珍貴，不可以隨便給別人的物品。然而考古研究卻顯示，「金鯉魚」是個不折不扣的外來品，在菲律賓即有相同的物品。

以上提到的器物，在部落裡都被以為是古老的祖先寶物，而考古資料卻證明事實正好相反。為什麼會有這種現象？進一步的研究告訴我們，社會為了凝聚人心，蘊育共同意識，以利於生存活動，故創造了共同祖先的思想（包含族群起源的傳說與神話），並利用外來物「稀少而珍貴」的特質，加諸使之成為無所質疑的祖傳寶物，以具體鞏固自我群體的向心力（陳有貝2022）。

人類運用文化的力量，徹底改變我們的思想。或許因為部落

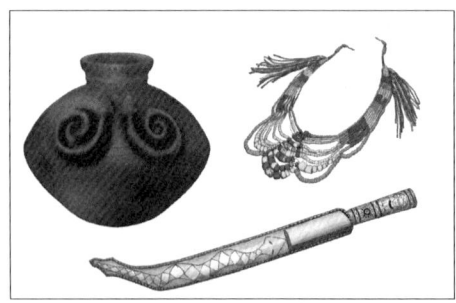

圖8-2　排灣族的三寶與噶瑪蘭的金鯉魚

中缺乏歷史文字紀錄,很難從史學的研究發現[101];而文化人類學者則可能被祖先神話口傳所誤導,所以就只能仰賴考古學才能看到這個真相。

## 二、社會潮流中的考古學

回顧學史,莫忘考古學也曾有被扭曲的另一面。在過去某些社會環境、文化背景中,因受到有心者的利用,考古學成了助長扭曲行為的工具,這些皆是身為考古學者所須深自反省。最具代表性的事件如二戰時期納粹利用考古研究捏造戰爭侵略的藉口,或是早期帝國主義、共產世界等都不乏有鮮明的錯誤經驗。所以我們在談論考古學的社會意義與價值時,也不能忽略這些錯誤的歷史經驗。以下,不妨也試從台灣考古學的發展足跡做些客觀反省。

台灣的考古學開始在19世紀末,當時的日本政府在獲得台灣這塊新領地之後便思索著治理的對策。於是在政府的支持下,研究者們來到台灣,除了進行學術研究外,獲得的新知識也成為治理政策的參考。

當時台灣的主要社會結構還是由多數漢人構成,在文化面上無疑仍與中國大陸相近,這對於日本當局而言難免是某種政治意識上的阻礙。然而所幸,當時考古學者尚未蒙此影響,如金關丈夫、國分直一、鹿野忠雄等人仍秉持著客觀獨立的科學精神,無畏局勢,隱約對立於政府,以實證方法提出史前台灣與中國之源流關係論述[102]。這個說法至今仍難以被動搖。

---

[101] 縱然有史書,也可能假造這段歷史。
[102] 20世紀初是東方世界的科學萌芽期,相對上能展現出較獨立的科學意志;另據一些資料可知,這幾位學者都相當具反骨性格,所以不淪於政府政策的附庸亦是可想而知。

到了二次戰後，國民政府為了強調所謂的正統性，中國與台灣的關係研究便成了當局積極想要推展的招牌，考古學成了呼應這個趨勢的最好手法之一。雖然這個議題確實有客觀學術成果的認同，然而不得不承認其背後尤受到政府的支持，社會的鼓舞、厚愛。如果談其缺點便是相對忽視、排斥了台灣與其他地區的關係研究。琉球列島最西端的與那國島距離台灣島不過約110公里；菲律賓最北端的巴丹群島與台灣也不過150公里，但是研究上卻僅獨鍾於台灣海峽兩岸。

　　到了1980年代中期之後，換成台灣本土主義興起，政策上亦有逐漸與中國遠離，強調本土自有特性的傾向。在這種新的社會潮流下，學者們擁有更多的機會從事本土的調查與研究，對台灣的考古認識也更趨完整。

　　更邁一步，在大陸與台灣親緣課題逐漸被淡化的同時，太平洋南島語族的議題興起了。尤有甚之，便是所謂的「南島語族的起源地 ── 台灣原鄉論」說法。這個假設給台灣在國際舞台上一個重要的角色。於是在政府意欲的提倡下，各種與南島語族有關的計畫案急速遽增，相關的調查、研究受到支持，配合的博物館活動、民間推廣等更是不在話下。「南島語族起源地」這個話題可說一躍成為當代台灣考古的中心焦點。

　　客觀而論，「南島語族的起源地在哪裡」本來僅是一個學術研究課題，「台灣原鄉論」是其中的一個學術假設。換句話說，目前它仍然只是一個待研究、須證實的說法，但在我們的社會卻已得到超前的認同。原因不外乎還是當代的政治、社會所致！問題是作為研究者的我們，是否正處於這種風潮的影響下而不自知呢？

學術研究理應維持完整的獨立、客觀，避開所有來自非學術因素的左右。但正因為我們身處其中，有時便不自覺的受到了影響。當社會大眾的掌聲都集中於「台灣原鄉論」的時候，身為一個研究者更應該戒慎警惕。

## 三、結論

　　前文的第一個主題是說明「考古學可以用來認識我們的真實社會」；第二個主題是警惕我們「社會也會反過來利用考古學」。兩者重點都是強調應該善用考古學，看出事情的真相，接下來我們才能朝更理想的方向前進。

　　台灣的原住民[103]直到近代為止都處於部落社會，沒有建立國家制度，但假若當時形成了國家，結果會比較好嗎？不如參考我們的鄰居──琉球！史前時期的琉球社會結構原本非常簡單，主要的生業資源只有來自採集與漁獵，甚至沒有農耕。到了距今約1,000年前，琉球才突然在週邊各國的影響下產生了農耕社會，隨後立刻出現了「城」的建築體，這便是揭示軍事防衛、集中性城市，以及集權階層社會的存在。果然不久後，15世紀中就形成了國家體制（琉球王朝）。但是接下來呢？受盡周邊國家的壓制侵擾。回顧比較下來，反而是沒有生成國家體制的台灣好像還幸運一些？

　　當代我們的社會發展成如此形貌，這真的是一個最好的選擇結果嗎？試想人類從千萬年以前的一種靈長類生物，其間是歷經

---

[103] 考古學重視原住民研究，因為原住民的社會文化是當地長久以來人群生活的產物，它提示在沒有外在的介入下，人群可以長存的一種生活方式。所以我們將之當成範本和其他社會做比較，以求反省並作為未來選擇發展方向的參考。

多少次文化性的選擇，走到今日充滿著網路、手機、人工智慧的社會形態是必然的嗎？這是否是人類演化的最佳方向，還是在某些路口時我們走入了歧路。大家都知道今日物質科學發展神速，但這對人的心靈是否帶來更多的幸福度與快樂感受則是另一回事。考古學家可以用最長遠的角度來反省這件事，考古學的研究對於我們的社會未來是有意義的。

# 第九章
# 遺物、遺址與社會

## 一、遺物的社會意義

在探討考古學的「遺物」之前，先說明一般之「器物」與人的關係。

器物由人所製造，完全是一種非常文化性的東西。大致以器物對人的作用做個區分的話，一類是實用性，另一類是精神性，多數器物很容易判別所屬是實用或精神，毋庸再加說明。比較有趣的是它的作用還會隨著時間、社會而轉變，如以下說明。

再度以本書經常提到的「玦」為例，這種器物原本是一種耳飾，學術上也稱「玦形耳飾」。它的器身外形基本上呈圓環狀，但會帶有一個缺口。如此類形狀的耳飾在世界各地並不乏見，且彼此之間沒有一定的關聯性，故原形可視為一種人類普同的裝飾性產物。在古代中國，玦的具體出現約在距今8,000年前，一開始多只是單純帶有缺口的圓環狀，器表樸素沒有紋樣，就是一個純粹用來裝飾用的耳環。

到了約5,000年前的中國，玦的形狀和紋樣都開始有了變化，有些甚至雕成類似「龍」等動物的形狀，令人感到已帶有些神話的想像。又到了近3,000年前後，玦的外形變得規整嚴格，紋樣也細密複雜，明顯附著了裝飾以外的意義了（圖9-1）。中國古文獻曾提到：「禮能使決疑者佩玦」、「君子能決斷則佩玦」。這樣的「玦」便不再被戴於耳邊，而是轉變成具有文化作用的物品。從原本一個

平凡無奇的單純耳環，隨後先是被象徵化，接著發展成具有社會禮制的含意，中間的過程和整個社會脈動乃息息相關。

**圖9-1 中國各時代的玦**（左至右：興隆窪文化、紅山文化2件、東周）

在我們身邊還有一個很有名的故事就是「故宮」。1949年，當中國的國民黨政府因戰敗而退出大陸之同時，於撤退過程中也一併將北京故宮等的重要「珍寶」帶到了台灣，因而有今日的台北故宮。故宮這些器物究竟有什麼重要性，令人在危難時刻仍要冒著生命危險隨攜於身？重點應該不是它的藝術成就，更不在市場價值。一言蔽之的話，就是它象徵著中國的「正統性」！

翻閱中國古代文獻，從天子、諸侯到各官階都制定有對應的禮制器物，何者身分就該持有哪種器物，持有哪種器物便代表著何種的身分。對於中國國民黨政府而言，擁有故宮器物正是掌有中國正統性的權力表徵，意義重大，這就是原因所在（圖9-2）。

**圖9-2 台北故宮的意義**（置立於中央的鼎是中國權力的象徵）

同理也可以想見，未來若「中國正統」這個意義對台灣不再重要，那麼故宮器物的被關注度自然會隨之減低。總之，這些器物不

只是「器物」，它帶著高度的社會意義並隨之更動。

如上述，既然器物的意義可以是社會賦予，那麼當古代的器物變成現代的「考古遺物」時便仍可「如法泡製」。考古學的「遺物」是一種原不存在於現代社會，而是藉著考古調查的採集與發掘才獲得的古代器物，對於現代人也都是沒有實用性功能了，但藉由考古專家告訴我們它的故事，便可由社會大眾再次賦予它新的生命。

## 二、遺址與社會

遺址是古代人的集體遺留。在學術研究中，它是考古學者研究過去人類文化歷史的資料庫；在現代社會，它是當代整體生活環境中的一部分。

從學術的立場，遺址所蘊含的資料明顯比上述單純的遺物更為豐富完整。一個遺址中含有各種遺物、遺構、現象與生態遺存等，各式各樣遺留之間的脈絡又彼此交織相關，提供多樣的研究訊息（參閱本書第三章）。有研究者提到「遺址就是古代時空的凍結」，非常言簡易賅。

至於遺址對社會層面的意義，主要的概念就是所謂的「文化環境」了。在人類演化的議題中有句名言「人類是活在自己所創造的環境中」，意思是早期的人類本來如同所有生物一般，在純粹的自然環境下求生。而後來，人類藉著改變與發明，創造出別於完全自然的環境。試想，我們今日住在水泥磚牆的房屋中，可以不怕外面是否刮風下雨；室內有了電燈，即使在夜晚仍可如白天般活動；屋子裡裝設了冷暖氣後，便無畏外界的高低溫。現代人就是生活在自己創造的「文化環境」之中。

在現代社會環境裡，如「古蹟」文化資產便是其中的一個元素。它的存在讓環境更多元，補足人類社會的「精神性」所需，近年又強調再利用、活化古蹟，寄望能創造出更新一層的意義。遺址大致也具有相同的概念，只是相對而言，古蹟是存在於地表上，作用顯而易見；遺址多是埋藏於地下，對於一般人甚至缺乏存在感，如何能成為環境中的一員，這部分便要進一步說明。

　　再舉一個例子，回想數十年前的台灣社會，那時候並沒有什麼生態保護的觀念，對所謂的毒蛇、猛獸大概都抱持著除惡務盡的心理。但短短數十年後，今天我們都知道牠們都是多樣生態系中環環相扣的一份子，雖然不至於讓牠們在都市裡滿街跑，但相當程度的保育是必要。

　　轉換為文化環境的角度，遺址是歷來人類行為的殘留，是當地文化與歷史的累積。如同上述生態系的概念一般，若干短近的眼界裡或許暫無感受，但從長遠的角度，遺址乃暫時潛藏於地下，於必要的時機時便帶來了作用。試看如台灣的卑南遺址不就在工程破壞前的緊要關頭出現，最終帶來了台灣最大的考古專業博物館；同樣地，台東的舊香蘭遺址在颱風侵襲中出現，竟出土了眾多台灣歷史文化中的關鍵證物。這些地下的潛在文化資訊，對於我們打造未來社會有一定的價值意義。

　　遺址的存在，讓環境更加多元與完整，尤其莫忘人類是生活在自己所創造的文化環境中。

## 三、遺物與遺址的保存課題

　　關於遺址遺物的保存課題，一般難免會先想到學術研究的角度，這當然是其一。不過事實上，即使是學術界對遺物保存的看法

也並非完全一致。過去較極端的新考古學派曾認為「遺物不過就是一種採樣來的研究資料」，等到研究完成了，甚至可以將遺物像垃圾一樣處理掉。實際上也有不少地區是把研究結束後的遺物重新再埋入地下。或者放置於長年封存的貨櫃中也是個辦法，究竟由考古發掘日積月累下來的遺物數量真的非常龐大，無法永無止境放在有限的保存場所裡。相對在不同意見的另一端，也有研究者認為「遺物是歷史的見證」，必須抱持尊重的態度，何況日後總有一天可能還會研究到這些出土物，所以力主遺物要以完善的永久保存為目標。至於遺址，學術上的價值當然要大於遺物很多，研究者對於保存的期待更是不在話下。

但是從另個角度發言，如果就只因為遺物遺址是考古學家從事研究的重要資料，所以不得破壞？這樣的理由恐怕很難說服大眾吧！若是這樣可以成立，那麼作為古生物學者研究資料的所有古代化石照道理也都要列入保存，不能私採；生物學者也可以聲稱所有動物、植物都應全部列入保護對象了。以研究資料為理由，有時是出自研究者個人的自我膨脹，所以不宜要求社會大眾為個人做這種過度的付出，尤其是遺址常涉及了廣大的土地衝突問題，要付出的社會成本也不容忽視。

數年前媒體報導了一個事件，起因是一些民眾出於熱心，對山裡的某個「舊社遺址」進行清理，撿拾整理了包含當地酒瓶在內被認為是垃圾的東西，然而此事的後果卻是引來了考古學者嚴厲的訓斥。站在考古學的立場，當然希望遺址可以保持原貌，以利於學術的研究。但是從民眾的立場，卻何其無辜；清理大眾認知的垃圾，何罪之有？遺物遺址不是全民的共有物嗎？我們如果到了某人家裡，希望對方保存某些東西，是不是應該使用「徵求同意」的

語氣，這才是公眾考古學的精神初衷。

## 四、結論

　　想著我們生活的周遭是不是有一些物品，本身已沒有什麼實質功能了，然而我們還是會留在身邊，捨不得丟棄。或許是因為當我們看到這些物品時，心中會有些感觸，也許是懷念、悲傷或高興，或是這個物品有著某種象徵意義，讓我們會一直想要保有它，重要性遠高過其他。同樣想法延伸到社會群體也是一樣，如果某考古遺物是對集體有意義，那麼就會成為大眾期待保存的對象。

　　那麼要如何知曉與決定眾人的共同意志？限於社會的運作，當然沒有辦法由全民針對各種遺址遺物一一表決是不是該保存，所以國民將這種權力交由政府，政府主管機關也藉著與學術、專業人員的合作來制定一套共同可行的方式，於是便有了考古遺址相關法律的誕生（見下章）。

# 第十章
# 考古遺址的法律

　　遺址埋在地下，自然的侵襲如雨水、河流與地震，人為的擾動如耕地、挖溝與建屋，稍不留意便程度不一的破壞了遺址。這原本是難以避免，或許從另一個觀點也可以將這類的擾動視為地層堆積過程的一種常態。

　　然而隨著時代，人類從事各種開發建設的腳步加快加大，使用各種機具深入地下以前不易碰觸的地層，造成遺址遺物大規模的毀壞與消失，迫使現代社會不得不從法律面積極尋求一個有效的對策。

## 一、考古遺址的相關法律

### （一）《文化資產保存法》

　　我國《憲法》166條：「國家應獎勵科學之發明與創造，並保護有關歷史、文化、藝術之古蹟、古物。」據此，在法規上制定一個《文資法》是呼應所須。而考古遺址埋藏著過去人類的多樣遺留，蘊含與人類社會文化相關的各種訊息，故成為文化資產中之重要部分。

　　政府自1980年代起陸續通過相關法規，落實對考古遺址的保護工作[104]。其中以1982年公布實施的《文資法》最為重要，今日遺

---
[104] 二戰前的台灣主要有日本的《史跡名勝天然記念物保存法》為依據進行文資保護。戰後則根據1930年中國政府制訂的《古物保存法》，但該法以古物為主要對象，明顯和考古遺址的概念有不少差異。

址保護的基本概念與作為可說多來自這個源起。

2005 年，因應社會呼籲，再度對《文資法》進行大幅度的修正翻新。這個革新版本的意義頗大，其中如以下兩點便與考古遺址直接相關：

1. 新版的《文資法》在第一章之總則即呈現出更為寬廣、多元與全面的精神。如舊法第 1 條：「本法以保存文化資產，充實國民精神生活，發揚中華文化為宗旨。」2005 年新版則改訂為：「為保存及活用文化資產，充實國民精神生活，發揚多元文化，特制定本法。」[105]字面上最大的差異顯然在「中華文化」與「多元文化」的不同，其中環節毋需置疑，當然是強調對多元文化的價值尊重。而就台灣的考古遺址保護政策而言，若以「中華文化」為前提來當成保存的目的與範圍，那麼屬於「南島語族文化」的台灣考古遺址，於潛在意識中將有淪為次等資產的疑慮。故新法的主張與宣示，無疑使遺址的保護工作更為名正言順（陳有貝 2003）。

2. 新法的總則第 3 條即清楚明示「遺址」項目。在此之前，遺址於法律上被歸為「古蹟」類別內之一項，從而在理論與實務上都遇到不少矛盾與障礙。基於考古遺址具有和其他文化資產項目不同的獨立性質，故在新法中將本類獨立列章，制定專屬的相關法條。在這個新的架構下，才得以更貼近事實，展現更有效率的遺址保護行動。

審視今日《文資法》中的考古遺址相關條例[106]，大致可以從國

---

[105] 2016 年的版本為「為保存及活用文化資產，保障文化資產保存普遍平等之參與權，充實國民精神生活，發揚多元文化，特制定本法。」比較於 2005 年版本，可發現進一步強調所有國民皆有參與之權利。

[106] 詳細的條文內容請自行參閱該法條目。

民、政府、考古專業（工作）者等三個立場概括如下。

## 1. 國民

(1) 國民若發現遺址、遺物，則有義務通報主管機關。遺址與遺物基本上為全體人民共同所有，禁止個人的採集、收藏。
(2) 國民有功於遺址之保存，或對遺址造成破壞時，政府應據法給予獎勵或處罰。
(3) 國家基於必要，須於個人土地進行考古調查發掘時，地主無特殊理由不得拒絕。
(4) 各種開發工程中若發現遺物、遺址，則應立即停止工程，並呈報主管機關。

## 2. 政府

(1) 政府應該定期進行遺址的調查、發掘與研究，並完整收集、建立遺址的各種資料。
(2) 政府對遺址依其重要性分為國定、直轄市定、縣市定等三級，並對所管轄的遺址制定與實施監管保護政策。
(3) 政府進行土地開發前，應先確認有無遺址的存在。若認為存有遺址之潛在可能時，應該於事前進行考古調查。
(4) 政府招聘學者專家組成遺址審議委員會，依法審議各種遺址相關事務。

## 3. 考古專業工作（機關與人員）

(1) 遺址的發掘必須由具有符合法規資格之考古專業者執行。
(2) 考古專業工作人員依主管機關之規定進行遺址之調查、監看、試掘、搶救，以及相關推廣等工作。
(3) 遺址發掘前必須先向主管機關申請。發掘完成後，原則上須在1年內提出含有出土物清單之發掘資料清冊，3年內完成發掘報

告並公開發表，出土物應送交主管機關指定場所保存。
(4) 於原住民土地進行遺址發掘前，須事先獲得當地原住民之許可。

## （二）《環境影響評估法》

　　1994 年公布實施的《環境影響評估法》（以下簡稱《環評法》），以及 1995 年之〈環境影響評估法施行細則〉（以下簡稱〈施行細則〉）亦有部分與遺址保存相關，以下一併說明：

　　《環評法》的精神與目的可見於第 1 條：「為預防及減輕開發行為對環境造成不良影響，藉以達成環境保護之目的，特制定本法……。」即希望藉此法減低各種開發工程對環境所造成的破壞。

　　第 4 條：「環境影響評估：指開發行為或政府政策對環境包括生活環境、自然環境、社會環境及經濟、文化、生態等可能影響之程度及範圍，事前以科學、客觀、綜合之調查、預測、分析及評定，提出環境管理計畫……。」前述的適用範圍中並無出現「考古」、「遺址」等詞彙，表面上似無具體針對考古遺址做明確規範。惟其中列有「文化」一詞，且相關的〈施行細則〉第 6 條：「所稱不良影響，指開發行為有下列情形之一者……四、破壞社會、文化或經濟環境者。」此即闡明「文化環境」乃屬環評範圍，考古遺址便在本概念下被納入。現實中，考古遺址或其他文化資產都已成為環境影響評估作業中的必要項目。

　　為求專業、客觀與公正，一般環境影響評估工作皆須由各門專業者進行，其資格可見於〈開發行為環境影響評估作業準則〉。但因過去國內考古人力嚴重不足，故早期有不少從事者在考古專業度上較為欠缺，近年來則已大為改善。另外是民眾對考古遺址等文資意識已提高，同時地方政府機關亦依《文資法》嚴格把關，故環評中的考古遺址項目時而變成大家最關注的焦點之一。

環評工作對考古遺址的調查評估內容大致包括以下幾點要項。

1. 調查
(1) 調查地域範圍，主要為基地開發之影響所及區域。
(2) 調查對象，如考古遺址的有無與狀態。
(3) 調查基本方法，如文獻與田野調查。
(4) 調查期程，應視範圍大小實施適當調查時日。

2. 評估
(1) 以開發工程為準，預測其對考古遺址的影響程度。
(2) 針對考古遺址可能遭受之影響，根據法規與學術層面，提出各種減輕對策。

　　考古遺址有其獨自特質，其中之一在於多數的不可視性，以及不可回復性。前者指遺址多埋藏於地下，無法輕易獲知地下實際埋藏的範圍與內容；後者指的是遺址一旦遭到破壞，便沒有再復原之可能。過去以來便有不少遺址因土地的開發而湮滅，因此於工程之事先進行評估調查就相形變得重要。

　　以上，《文資法》具有正面肯定遺址存在價值的意義，《環評法》則有防止弊害發生的機制，兩者相輔相成，對遺址保存提供了極重要的力量，也讓社會在處理本問題上有共同一定可循的標準。

## 二、遺址保存法律的實踐

　　關於「遺址的指定與維護」，現今法律有以下程序與作法。

### （一）選擇性的遺址保存

　　遺址必須經過正式的「指定」程序後，才能成為《文資法》「名

正言順」的保存對象,這是一個基本前提。

因為就我們的社會現實,並沒有辦法針對所有遺址做到全面性的保存,所以便需要針對「保存標的」做出選擇。其實這就如同「不是老房子便等於可保存的古蹟」的道理一般,不難理解。

根據文資法律,考古遺址可依其重要性,分別指定為「國定」、「市轄市定」或「縣市定」三個層級。此外,還有所謂的「列冊」、「普查」的遺址,前者的位階約處於指定程序實施之前的一種觀察名單,目的是先給予個名義以避免期間遭受破壞;後者泛指所有學術上已知的遺址,尤其是經政府主導的考古計畫調查而留有紀錄者。分等級來選擇遺址,並施以不同強度的保存策略,無疑是必要的概念與手段。

## (二)遺址的指定標準

什麼樣的遺址可以成為「指定遺址」?什麼樣的遺址可以相對忽視?要如何選擇所謂重要、值得保存的遺址?根據《考古遺址指定及廢止審查辦法》:「直轄市定、縣(市)定考古遺址之指定,應符合下列基準之一:一、具文化發展脈絡中之定位及學術研究史上之意義者。二、具文化堆積內涵之特殊性及豐富性者。三、具同類型考古遺址數量之稀有性或保存狀況之完整性者。」

歸納上述,大概就是著眼於遺址本身是否擁有充足的研究意義、遺留本身的豐富性、特殊性及保存現況等。例如卑南遺址:地下的埋藏豐富,有大量的房屋遺構、遺物、石棺以及精緻的陪葬品,長期以來又有多種學術研究,完全符合上述的條件。

## (三)遺址所在土地的指定

接著的下一步就有不少現實難關要克服,最大的問題就是指

定程序中法律上所必要的「考古遺址所定著土地之範圍」。

　　首先是學術上對所謂遺址範圍的界定不僅在理論面極難處理（請參閱本書第十一章），且實際上也很少會有充足的調查發掘可以完全知道地下的狀態。所以遺址的範圍線其實只是一種權宜概念，如果完全據以為真，嚴格當成實際的行政基準無疑是過於沉重。

　　其次是土地的現實資產問題。在進行遺址指定的會議中，土地的現況幾乎都將成為討論的焦點。常見的模式是優先選擇公有地作指定，儘量避免指定私有土地，以減少對地主帶來的可能影響。若仍有必要對私有地作指定時，則必先邀請地主與會，並尊重其意見陳述。雖然，地主意見不能作為決定性的因素，但是絕對必要予以參酌考量。若因遺址指定而損及地主權益，則必依法給予適當對價之補償。

　　以上大致為一個基本原則，實際情況則多有複雜之處，故結果有時導致地主當事者種種的不平不滿。例如，如果指定的對象地是價值較低的荒地、農業用地等，相對對地主的影響小，則疑慮小；但若屬市街地，土地價值高，則影響地主之權益大，此刻政府若無法適當補償，遺址的保存政策便會在民間留下負面觀感。對於自有土地被指定保存、限制開發的「受害者」，過去常以勸說方式，希望地主懷抱著榮耀感或諒解的心情而予以接受。不過，這類事件長期在社會上重重累積之後，可以預見未來勢必引發衝突。

## （四）遺址指定後的監管保護

　　根據《文資法》，主管機關對考古遺址應訂定監管保護計畫。《考古遺址監管保護辦法》第4條「主管機關對考古遺址應定期巡查，避免自然或人為破壞。」「前項巡查每月至少一次，並應製作巡

查紀錄表；其內容包括考古遺址名稱、巡查日期、巡查員姓名、考古遺址保存狀況描述、照片及建議事項。」據此，政府每年編列預算，聘用專業人員（或委任專業機構），針對考古遺址進行監管保護工作。

最後，還有一項任務是「活用」。法律上亦規定，包含遺址在內的各種文化資產都應該推展為全民所用。特別是遺址埋藏於地下，若沒有積極適當的活化，將更難以發揮其意義。我們週邊如博物館的展示、遺址公園興建、考古推廣教育等，都是常見遺址活用的案例。

現今社會便是依上述法規的程序與方法，實踐保存遺址的目標。

## 三、結論

1980年代以來的法律將考古遺址的保存正式提升至法的層次，這一步無疑具有里程碑之意義。當然隨之而來，尚有眾多問題亟待解決。

文化資產法律的主要目的在於文資保存，並讓國民認同其價值，參與具正面的精神文化活動。欲達成這個目標，還要有一套符合現實可行的推動方法、手段。這不僅只是官方法律問題，或是純然一方的學術問題，更是和生活、居住在這個土地上的人民息息相關，千萬莫讓考古遺址成為居民們的「嫌惡設施」。唯有一個可以獲得人民認同，與當代社會可以共存的遺址保存政策才是真正可行的長遠之計。

下一章將介紹目前遺址保存政策中的若干問題，並商討解決之道。

# 第十一章
# 遺址保存的問題與對策

在法律的規範下實踐遺址保存，此乃人民、政府與學術界共同之目標。惟因來自不同立場，或有不同的看法與解釋，必須再藉彼此溝通，獲得共識。

## 一、遺址範圍的界定

因法律對考古遺址的保存標的有明確界定之需求，因此由專家學者協助劃定一個「正確的遺址範圍」便成為文資行政人員非常期待的事項。無奈無論從理論或實際觀點，這個目標都不可能完整達成。原因如下。

對於遺址，過去以來主要是從學術的觀點來定義（本書第三章）。簡單而言，遺址是人類過去行為之遺留產物的分布所在。所謂「遺留」，包含的種類大致有遺物、遺構、現象與生態遺存等類別，而無視埋藏遺留的內容性質、數量多寡或分布密度上的差異，在學術上都一概定義為「遺址」。

那麼在學術定義下，將是如何看待「遺址範圍」呢？
1. 人群的活動區域通常很廣，不會只限於村落內的生活區，如農作可能會位在村落週邊；打獵、採集可能較遠離村落；甚至還有其他行為（如遠距離貿易）可能更遙遠。換言之，除非有具體顯著的人為或自然障礙（如文化中的土地權；自然環境的河流、高山），否則人群的活動便不會被限制在特定的範圍內。

從而他們活動所留下的遺物也就將跟著散落在各地，這便是理論上遺址不會有一個絕對範圍的原因。我們可以根據發現考古遺留的多寡與密度去擬定一個大致的區域，但這不表示考古遺留僅分布在這個範圍內，出了範圍線外就沒有考古遺留。

2. 人類在土地上的活動頻繁程度不一定呈現同心圓式的狀態，即想像似有一個中心區，然後再向外圍逐漸稀散的現象。由實際的考古發現，有些遺址有好幾個密集區，在各密集區之間的遺物分布極為零星，這很可能是反映某些類型的古代聚落分布模式。在這種狀況下，我們縱使將整個區域畫入於一個遺址範圍內，但實際上其中有些區域的考古遺留是密集，有些則零星，甚至沒有。所謂的遺址範圍內的遺留分布是不均一、不等同。

以上的認識與經驗在在提醒我們遺址地下埋藏的不可預測性，充滿了各種變數與可能。除非能將整個區域的地下完全掀開，否則永遠無法保證考古埋藏的分布狀態，更別提所謂的畫定遺址明確範圍一事。

學術研究上原本對於「遺址範圍」一事並不太關注，因此對很多遺址沒有提示具體範圍，對有範圍者也抱持著隨時再修訂的彈性心態。一直到後來，為了因應文資保存作為的行政需求，始有較多的具體擬定。

一個清楚明確的遺址分布範圍線絕對是各種行政處理的基礎，但從上述看來似乎令人感到悲觀，多數的文化資產項目如古蹟建築、古物等都有清楚的具體對象，唯有遺址卻很難。

遺址一詞原是一種學術概念，有時僅是為了研究者的現實溝通或表達所需，多數是很難定義絕對的遺留分布界線。在這種狀況下，法規可以如何對應？

## 二、土地權益與遺址保存的衝突

具體成文的法條讓文化資產的保存獲得實質的成果，然而卻不能忽視某些負面效應在民間也漸漸浮現。

2021年，某次大法官會議釋憲的判定結果是：文資主管機關不符《憲法》保障人民財產權之意旨，應對《文資法》進行修正。這個案件的緣由是位於某縣市之一廟宇因被地方主管機關登錄為歷史建築，但所有者不服處分，經提起行政救濟後仍遭駁回。故最終提起釋憲。

本案爭議點之一是登錄文化資產是否一定需要土地所有人之同意？對此的釋憲結果為：沒有土地所有人之同意，尚難即認與《憲法》第15條保障人民財產權之意旨有違。換言之，現行制度中，文資的指定並非一定要所有人的同意。我們可以同理推判：屬於私有財產的建築尚且如此，埋藏於地下之公有的遺址遺物當然更是適用這個解釋。

不過，本案真正引起社會的關注點則是「惟上開情形之土地所有人，如因定著於其土地上之建造物及附屬設施，被登錄為歷史建築，致其就該土地原得行使之使用、收益、處分等權能受到限制，究其性質，屬國家依法行使公權力，致人民財產權遭受逾越其社會責任所應忍受範圍之損失，而形成個人之特別犧牲，國家應予相當補償。」「未以金錢或其他適當方式給予上開土地所有人相當之補償，於此範圍內，不符《憲法》第15條保障人民財產權之意旨。」這是強調政府應該對所有人之損失給予應有之補助。就目前而言，政府的作為顯然非常不足，故從《憲法》角度認為《文資法》在這方面勢必要再加以修訂。

於現行《文資法》之遺址相關條文中，如第99條「古蹟、考古遺址、歷史建築、紀念建築及其所定著之土地，免徵房屋稅及地價稅。」100條「……因繼承而移轉者，免徵遺產稅。」此外，尚有「考古遺址土地容積移轉辦法」可進一步增加補助的強度。

然而，現實上民眾對於上開的補償措施明顯並不滿意，而且這個氣氛正與時加速醞釀中。翻閱相關的新聞、媒體報導，不乏可見如某建設公司不滿因考古遺址的存在而限制其開發；有些准予開發的案件也要先實施考古搶救發掘，這類發掘不僅需要高額費用，而且耗時，影響商機。更別提其中若是私人自宅的興建、改建，竟還要地主多付出時間與金錢代價配合考古作業，相對是極不合理。亦有聽聞考古業者或以不當方式要求地主配合，當事者怨聲連連，社會上對於遺址文資的觀感也不免開始轉為負面。

近年對台灣發展頗為重要的科學園區也遇到了不少遺址問題，當廠商在建設過程中發現了遺址，便被要求停工、變更設計，或實施搶救發掘。而廠商在顧全整體下，通常只能暫緩工程並支付大量的發掘費用。但這整個過程中的損失該向誰求償？試著站在人民、廠商的角度，是不是政府在事前的評估不夠周全，提供了有「瑕疵」的土地，才導致了這類事件的發生。

## 三、工程開發與遺址保存的平衡

根據法令，當工程的開發可能影響地底下的遺址狀態時，這時候應該先進行遺址內涵調查，並再就工程與遺址的相對重要性，評估應該實施何種對策。

原則上，若確認開發基地內存有遺址，且評估遺址保存的重要性大於工程的必要性，那麼應以遺址保存為優先，原工程計畫

須停止或變更。若工程仍有實施的必要性[107]，或遺址的重要性不明，則可考量的解決對策一般可有「監看」、「試掘」與「搶救發掘」等辦法。整理對應模式如下：

1. 若是尚無資料可認定工程對遺址有何直接影響，只認為存在潛在風險時，通常要求實施以「監看」。此即於工程進行之同時，由考古專業人員從旁監測有無考古發現。若有發現，則通告主管機關再行進一步措施。
2. 若認為工程確有相當可能影響遺址的完整性，但因現有資料不足，無法掌握衝擊的規模，那麼應先以「試掘」的方式評估其影響程度，再據結果作成解決對策。
3. 若確認工程基地的開發將直接破壞遺址，則處置方法便是「搶救發掘」，即優先對將被破壞的遺址區域發掘出土後，再行開發。

理論上，前述機制的設計並無不妥，可望有效解決工程與遺址的衝突。只因實際上面臨的各種事件的變數頗多，如何維持一個妥切的原則標準便非容易。

例如面對著同等類似事件，若開發的目的是商業利益（如建商大樓）或是個人家屋使用時，政府是不是仍然要秉持所謂公平的立場，給予相同的處置方式？有個更複雜的實際例子是某個學校正好位於遺址上，所以校園內的建設便多處受到限制，不然就得先付出高昂的考古費用進行必要發掘，隨後才能放行開發。從考古學家或文資保存者的角度多半認為學校應該以身作則，力勸這是校方難得的珍貴資產，所以要求校方應理所當然盡最大可能出錢出力來保全遺址。但是站在學校的立場，卻覺得過度的保護遺址阻礙了校園

---

[107] 例如鐵路建設無法突然轉彎避開遺址，或其他重大的國家建設等。

的規劃與發展,並付出了極大的成本,排擠了原有的教育經費。

遺址本身也是變數之一,有些遺址的埋藏多,有些少;有些具特別重要意義,有些相形重要性低,處理的方式勢必不能一視同仁。有些歷史時期的遺址的年代已經很晚了,是否還有維護的必要?主管機關要如何適度拿捏,兼顧公平與「比例原則」。前面所提的釋憲案結果已經很明確的告知政府必須尊重、維護土地私有權益。如果現實上不能做到此點[108],那麼在法的層面便先站不住腳了。

## 四、解決之道

鑑於上述法律帶來的衍生問題,若干地方主管機關開始尋求對策,如一個頗有實質成效的作法便是組織地方考古隊。由地方政府成立或支持的考古隊有不少優點,其一是工作所需的考古費用可由政府協助負擔,從此地主不用再多餘付給私人考古業者高昂的費用。而且在公部門的主導下,行事相對公正客觀,無論在文資保存、學術研究,及對當事者而言,於法理都有較高的說服力。更何況遺址的出土物本來即屬公共財,盡可能交由公部門操作處理亦較為妥當。目前地方政府所屬考古隊尚屬萌芽階段,規模相對小,不過可預見將是未來的重要方向。

第二點該是專家、委員們的自我反省與調整。目前縣市政府皆依法於機關內設置「遺址審議委員會」,藉由與會專家委員的提議、討論與表決來決定各種考古遺址相關事務。就經驗與現況而言,這個委員會近乎擁有完全的決定權,然而成員們向來似乎多專

---

[108] 地主所受到的實質損失常常超過以「免稅」、「土地容積轉移」等方式所得到的補償。

重在文資保存的角度，有時對法令做了過度的解釋而未自覺[109]。例如，純就法的立場，《文資法》所定義需要規範與保護的考古遺址乃僅限於「經指定與登錄」者。換言之，即未經正式程序並公告指定的遺址皆不在本法的適用範圍內。過去因為要強調遺址價值之重要，所以幾乎將歷來學術研究中凡有登載的發現[110]都列於保護規範內，擴大了法的解釋範圍，此點便引來不少抨擊。尤其把一些遺留稀少，或是年代很晚近的歷史時期遺址都納入保護政策內[111]，難免令民眾有無限上綱的感覺。

「選擇保存」已是既定政策，所以若對一些遺留發現極少，甚至只是曾經在地面上採集過1、2件器物的「疑似遺址」全部納入了保護對象，一方面是對社會的說服力低，易引來民眾的反彈；同時將分散了政府對文資保存的有限資源，反而排擠應該極力保存的重要對象。

第三點是呼應上述，如何找出最適當具有意義的保存對象？除了《文資法》所統一列舉的幾項基準外（請參閱本書第十章：遺址的指定標準），若要進一步深化其意義與實效，那麼無非就是地方政府應該再據地方文化生態擬定適當的法規了，即是依據「地方自治法」制定文化資產的自治法規。

主要緣由是各縣市地區的自然、人文環境的背景不同，文化

---

[109] 目前多由當下的「遺址審議委員會」做成遺址的最後處置決議；但另有意見主張主管機關才是負有此權力及責任者，即主管機關應參酌包含「遺址審議委員會」結論及各方意見做成最後政策決議。
[110] 對未經法規程序正式指定之遺址，現在政府機關多以「疑似考古遺址」稱之。
[111] 進入歷史時期即是文獻史學主導的領域，遺址的相對重要性無疑減弱。因此法規上對於台灣17世紀歷史時期以後的考古遺留是否要定義成為遺址便要慎重，以避免「到處都是遺址」。一個建議是可取其是否在歷史文獻、特定事件或原住民社會上具有重要意義者為界定標準。

政策取向理應有別,所以對於遺址保存的標準、作法也該有不同的考量:

　　例如宜蘭縣,從距今約2,000年前以來,廣大的蘭陽平原上便存在著大量以幾何印紋陶為主的遺址。研究顯示,這些遺址的後世子孫就是近代所知的噶瑪蘭人,而且多數仍世居於當地。這個現象忠實地呈現於遺址,根據田野經驗,幾乎每到村落所在就能在地表發現幾何印紋陶片等考古遺留,多數遺址的區域和今日村落位置有非常大的重疊範圍。如此現象無疑也給當地民眾帶來很多困擾,因為每當有房屋翻修或村落土地開發行為時,便會因遺址問題觸動了《文資法》,從而多方受到法律的規範。實務上可說是蘭陽平原全面性的大課題(圖11-1)。

　　從情感而言,幾何印紋陶就是當地居民的祖先留下來的,甚至在百年前不久仍有使用這類陶罐的紀錄[112]。為何自己祖先遺下的資產反而成為今日子孫的負擔?當地噶瑪蘭人後裔不能自我決定如何處置祖先的遺產嗎?

圖11-1　蘭陽平原上的聚落即是遺址所在(大竹圍聚落/遺址;村民們皆面臨房屋改建問題)

　　這個問題只有宜蘭縣當地制定自己的文資法規才能妥善解決。文資保存不是一個本質性的、無法改變的,而是一種策略性的思維,應該隨當代社會現況而調整的現實工作。

---

[112] 直到20世紀前期,當地居民仍有幾何印紋陶的使用,可參見如伊能嘉矩(1897)的田野調查資料。

再視以原住民分布地為主的花蓮縣。根據考古調查，本縣有不少數千年前的新石器時代及鐵器時代至晚近的遺址。一般而言，史前遺址的位置和今日聚落所在地便較無一定的關聯性。

本縣應該選擇以何種基準、原則來保存遺址呢？遺址對於當地原住民的意義是什麼，或者原住民是如何看待考古遺址等，這些都應該是當地政府制訂相關政策的重要參考。而考古學家的責任則是在學術端協力釐清當地史前遺址與原住民的關係，提供當地住民實質的認知基礎以形成共識（避免僅是基於模糊情感上的感受），選擇出屬於社會集體的保存對象。

目前東部的人口與土地開發的密度皆較低，相對在遺址保存的衝突性較單純，有利於結合原住民生活、文化來利用並創造遺址之價值。

總結以上，遺址保存應視為一種「政策方向」，而非僵硬、沒有彈性的「法條」。各縣市各地區應考量地方特性，擬定當地合宜可行的遺址規範，花蓮縣和宜蘭縣可以不同，當然以漢人為主的西部縣市和東部也無須一致。

## 五、結論

始於1980年代的一連串遺址法規毫無疑問發揮了極大的功效，將台灣的遺址保存工作提升到相當高的層次。至於伴隨帶來的若干負面效應，法規方面勢必要因應時代走向而修正，若干不宜或過度的行政作為雖出自對遺址的關懷，實際上卻排擠了真正重要遺址的保存資源，而且加大了與民眾的權益衝突，最終反而弱化了文資保存的實質成效。

就長遠而言,我們將文資保存規範視為一種策略,以增進與提升國民的文化意識為重要目標。國民的文化意識提高了,文資的保存自然水到渠成。

# 第十二章
# 遺址所有權與考古工作倫理

　　今日的《文資法》條文中並沒有明確定義遺址、遺物的所有權，或是清楚言明它們皆屬國家所有[113]。不過只要審視《文資法》內容，處處皆表現出「遺址、遺物概歸國有」之精神。這一個觀念也符合現代國際社會與學術上的看法，即遺址乃人類共同的文化遺產。

　　承上，面對著公共的考古文化資產，從考古人員乃至一般國民該有何種認知與職責呢？以下將就「遺址遺物所有權」以及相關衍生的「考古工作倫理」等兩議題說明。

## 一、遺址遺物所有權

　　無論從學術或法令觀點，遺址與遺物都屬公共資產，然而現實上卻有兩個因素常讓我們混淆了這個概念，分別是土地所有權及祖先遺產的觀念。

### （一）土地所有權與遺址

　　首先，對私有土地之保障是我國《憲法》層級所主張的基本制度，幾乎不容挑戰。不過，《憲法》中亦提及附著於土地之若干資源乃屬國家所有，不因人民取得土地所有權而受影響。即凡是涉及與社會公共利益相關者，「土地私有」的權利便會受到限制。實際

---

[113] 1982《文資法》的最初版本曾有明確提示「遺址概歸公有」。

上不只前述所說的資源（如礦產），私有土地影響或損及公眾事務亦包括在內。在這個概念下，具有公益意義的遺址及其所含有的遺物歸屬國家所有便於法有據，不受土地所有權之限制。

根據《文資法》內容，凡對遺址造成破壞者將被處以刑責、罰款，所以即使是該土地的所有人，對地下的遺址也沒有所有權，不能自行挖掘或占為己有，更遑論私下的刻意破壞。

在早期的《文資法》中有一條規定提到，無論是在公、私有土地進行發掘，都必要先取得土地所有者的同意書，否則便無法獲得主管機關的許可。而後來的法律便重新修訂為：「主管機關為保護、調查或發掘考古遺址，認有進入公、私有土地之必要時，應先通知土地所有人、使用人或管理人；土地所有人、使用人或管理人非有正當理由，不得規避、妨礙或拒絕（54條）。」這也是基於遺址乃屬國有的概念。

另一方面，54條亦補充：「因前項行為，致土地所有人受有損失者，主管機關應給與合理補償；其補償金額，以協議定之，協議不成時，土地所有人得向行政法院提起給付訴訟。」即土地本身的權益仍應受到保護，凡因發掘遺址造成損失，所有權人可就此方面向政府要求補償。同樣，如果因為遺址的存在影響了自有土地的開發，土地所有權人同樣可向政府要求補助，依法如減稅或是土地的容積移轉等。

總之，因為土地與財產的私有制度：有時讓民眾誤以為地主也一併具備遺址的所有權，甚至誤認可私下進行開發，從而遭受了處分。法律上的說明是擁有土地不等於擁有遺址，只是當公有遺址實質影響了私有土地的權益時，政府應給予適當的補償。

## （二）祖先遺產與遺物

「祖先遺產」的思想則影響著「遺物公有」的概念。遺物為古代人所製造、使用或擁有，如果這群古代人被認定是某些現代特定人群的祖先，那麼現代的「後世子孫」們便可能認為擁有這批遺物的所有權，或處理、管理權。現在無論國內外，時見族群要求政府機構歸還其祖先遺物便是多來自這個想法。

對此一問題，可以從法律與學術等兩個層面討論。就法律面而言，先要界定的是「遺物」與「古物」的差別。遺物指的是從遺址中所出土者，這部分當然已被清楚宣告私人不得任意破壞，即性質上為公有物；古物在《文資法》中的定義是「指各時代、各族群經人為加工具有文化意義之藝術作品、生活及儀禮器物、圖書文獻及影音資料等（第3條）。」，它重視物件本體的意義、珍貴性與稀有價值，所屬性質不限定是遺址出土或傳世品，當然也不限為公有物，亦有可能為私有物。即是在法條的分類規範中，遺物是附屬於遺址範疇領域；古物則為另一個獨立類別。如此看來，凡從遺址中出土的遺物（即使被認為是祖先遺產），在法律上是很難有被視為私有財產的討論空間。

那麼就學術立場是如何看待祖先遺物。首要，還是該先界定何謂族群的祖先？瞬間我們可能很直覺認為血緣應該就是最直接清楚的定義吧！藉由代代的親子相傳，連結彼此，而現在還可以使用DNA分析來鑑定、確認這層關係。然而事實上，「族群祖先」的真相恐怕要複雜與困難許多！

舉一個極端的推算，試想每個人的血液遺傳來自父母共2人；再往上溯一代，則有祖父母及外祖父母共4人；更往上則8人。以數學算式便是有$2^X$的人數（X＝世代數），如果上溯10代，即時間

大約僅是200～300年前，最多就將達$2^{10}$=1024人[114]，更何況若是溯及千百年以前，數量絕對可觀。如此說來，每個人的血液（生物性）組成都是來自極大量的古代人群，那麼為什麼我們會認為自己僅是某個族群的後代呢？

原因是：祖先概念其實是一種文化上的認知，或說是一種人類的刻意設計與安排，而血緣只是其中一個被納入的因素。看看我們生活周遭有多少所謂的親子關係事實不是透過血緣，有多少是透過文化上的觀念來建立這種關係。所以，由親子關係為基礎擴大衍生建構的祖先概念，當然也不是僅靠血緣而來。

史上人群的移動是非常頻繁複雜。有考古研究指出，如台灣東部從史前到近代進進出出者，包含多數原本互不相屬的人群，但是到了最後，一整個大區域都成了「阿美族」的居住地，即在這個地方的人群都成了阿美族[115]。這就是為何上述的「血緣」或「生物性」只是祖先概念的一因子，真正的關鍵其實在「文化的認知」，而且在這個過程中，「土地」才是更具有實質的影響力。

所以，把當地的遺址、遺物視為自我族群祖先的遺產，這個想法基本上並無不當，也可視為是一種積極認同土地的態度（圖12-1）。不過就所有權而言，歷經千百年以上的史前遺物不能只看成是某個特定族

圖12-1　視遺址為祖先起源地

---

[114] 此例僅是一種想像上的極端最大值。人類的婚配對象常傾向選擇具有類同外貌與文化傳統者，所以真實數字會視人群內的繁衍比例而減少頗多。
[115] 所以才說「阿美族人的祖先不是阿美族」、「族群是一種結果，不是原因」（參見陳有貝2022）。

群所屬,而是無以計數,也無法釐清之人群所留下之共同遺產。這也可解讀成對於遺物,當地居民應視同祖先般的遺產加以珍惜,善盡管理保護之職責;但即使如此,仍不代表擁有排他性的所有權。

社會上常可聽到「文物歸還族群」的呼籲,這其中如果有些是出自遺址的遺物時,還是要先清楚界定:考古遺物無論在法律上、學術上都是屬於全民共有的財產。

## 二、考古工作倫理

倫理是人群之間的行為規範,藉此讓社會擁有正向和諧的關係。社會中各種行業各有其職業上的倫理,而處理有著特殊性質之公眾資產的考古工作當然也非例外。從「個人」或者「工作與學術」(或稱職場)的立場,應該注意的基本倫理有哪些?以下舉數例供參考:

就個人而言,第一點便是要「避免涉入古物市場」。一般人或許以為考古學者的家裡應該會擺設著很多珍奇古玩?然而事實正好相反,「不收集古物」可說是多數考古學家的共有認知。原因是無論遺物、古物,有不少在市場中具金錢價值,而考古學家自己本身參加考古調查、發掘、研究,從工作中大量接觸到各種遺物,故自身應避免瓜田李下之嫌,謹守這些地下的出土遺物一律該歸國家所有的鐵律。從道德倫理的角度,考古學家應有不收集古物,不協助私人做古物的金錢價值鑑定等之自我要求意識。

第二點是誠實面對考古資料。「不誠實」曾經在考古學史上揚起幾次偌大的風波,20世紀初的皮爾當人(Piltdown Man)偽造事件即為其一。當時的偽造者使用人類的顱骨加上猿科動物的下顎,經加工合成,呈現出一種具有較大腦容量的似古人類頭骨形態,以

宣稱找到人類演化的關鍵化石[116]。這個事件直到20世紀中才被揭發，整整影響學界數十年。另一個相似事件是發生在20世紀後半的日本舊石器時代遺址偽造事件，一位業餘的考古工作者多次私下先將石器埋入數十萬年的地層中，然後造假發掘，宣稱自己發現了日本最古老的舊石器證據，年代甚至可遠達60～70萬年前。這個事件持續欺騙了大眾數十年，嚴重誤導學界，連學校的歷史教育都是受害者。一直到本世紀初，騙局終於才被拆穿。現在已證實的日本最古老的舊石器實際約在3萬年前。

由上也不難猜想其他大大小小的考古假造事件不知多少！為什麼考古界總會引起這類意圖呢？不外乎是因為媒體、社會群眾總是喜歡一些聳動的言語，如「某某是最早的發現者」、「某某發現了年代最古老的……」、「某某發現了第一個……」等等。考古學者應該要有自覺，不能把屬於公共性質的文化財當成個人擄獲名聲地位的資產，違背了學術者的界線。

第三點是相當敏感的宗教信仰問題。宗教和科學難免有衝突之處，不過歷來有不少既是宗教家也是傑出的考古學者，顯然兩項工作現實上並非完全不能相容。有研究者曾表示可以暫時把理論上的複雜性放於一旁，將宗教與考古學視為兩個不同的場域，兩者對於人類都有各自重要與必要，但不要企圖用宗教去解決考古問題，當然考古也無法解決宗教問題。

在工作與學術的職場上，第一點必備的觀念是考古現象無法復原的特性，即遺址一旦遭受到改變，從此便永遠沒有再回復的可

---

[116] 早期以為在人類的演化過程中是先有發達的腦，其他特徵（如下顎）才逐漸配合轉變；但現代學界已知腦容量是年代到很晚才隨著演化變大。所以，這個偽造化石的形態（有著較大腦容量與原始的下顎）也不符合今日我們對人類演化的認識。

能。因為無法再生、復原與重建，促使整個考古作業必須格外謹慎。所以，法律上規定從事考古發掘者必須具備本行的專業資格，並且於任何發掘前都要先經過申請，獲得審查許可後才可執行。而且未來完成發掘後一定要提出完整的發掘報告，公諸於世，這點幾乎可以視為考古工作者的天職，不會因客觀形勢不同而有所改變之責任，故也被置入於法律中[117]。

又因資料具唯一性，故也衍生出了資料獨占的問題。現行的不成文規定，通常唯有發掘者才享有遺址資料的發表權利，其他研究者皆要特別徵得發掘主持者的同意，才有可能接觸到原始資料或發表相關成果。客觀而言，這類觀念並不盡合理，尤其當發掘者未在時限內盡到發表之責任時，唯一無二的資料便難以見天日。因遺址無法重建，考古資料無法再生，故考古學者應盡職早日完成發表，與他人共享出土成果。

第二點是理解遺址為人類的共有財產，即使國家、政府於理論上對遺址也僅有管理責，而無所有權[118]。秉持這個理念，對遺址最關心也最專業的考古學家於工作同時，面對著群眾該有何種態度？

早期的學者多認為考古是一種專業嚴謹的學術工作，因此從調查、發掘到資料整理與發表都儘量限於學術殿堂，避免受到其他的「外界干擾」，這種態度可以理解是站在一種保護的立場。不過，今日多已不再懷抱這種封閉的想法，主動邀請民眾參加，尋求大家的認同成為共識。可以看到凡現代的遺址發掘，政府多附帶要

---

[117] 可是今日的台灣考古工作並沒有達到這個目標，多數的考古發掘都是以階段性的「成果報告」替代「正式報告」，兩者內容尚有不小落差。
[118] 這樣就能理解：為什麼過去當台灣破壞卑南遺址時，會遭到太平洋國家的抗議。

求主事者必須隨案辦理考古推廣教育作業，希望增加民眾對此類文化資產的接觸與認識（圖12-2）。

即使在學術場域，考古也不再是少數者可以獨占的舞台，保持彈性的心態去接受不同立場民眾的意見是新趨勢。近年學術潮流中的「認知學派」便批評：僅是透過研究者個人的主觀知識去解釋考古資料是相當危險的，並積極主張要從不同的多角度形成看法。呼應於此，現代化博物館的展示便常傾向不主動提供「標準答案」，而是希望開放由民眾自己尋求解答。

圖12-2　發掘現場要進行考古推廣教育

總之，不僅實體的遺址、遺物非屬研究者個人所有，連對資料的認識、解釋也不是研究者的專利。這並非要否定考古學的專業性，而是強調這門學科的資料是來自公共資產，其知識本質也建立在大眾的角度。

第三點是近代多數的學科源自西方世界，我們無疑仍扮演著跟隨者的角色，追逐新一代的流行理論來解述資料，無可厚非。不過考古資料的特點之一是強烈結合著地域與文化特性，這點警惕著我們框用理論帶來的危險。

日本民俗學者柳田國男曾公開表示他相當厭惡考古學，原因是很多研究者專談一些空論，或是利用外部的理論垂直式的指導整個研究，將資料機械式的嵌入某些新潮理論中。

而且古代遺址與今日之年代已有一段很大的差距，我們如果

過度使用專業的學術用語[119]，不僅圈外人無所適從、無從評論，也把考古學帶入一個各自表述，無法驗證的境地。台灣考古研究的對象原本就是原住民們的古代史，各種議題可以從史前串連至近代，理論上也能用近代原住民的各種現象去驗證對古代論述的正確性。

總之，考古學者應該使用大眾得以明白的語言，綜合地域文化資料與知識，樹立本地的思考體系，以兌現民眾可以理解的成果。在學術上讓考古學得以獲得檢驗，在知識上讓考古學更加全民化。

---

[119] 典型用語之一如「考古學文化」(請參閱本書第三章)，考古學家有義務面對大眾給予明白的解釋，否則可能在不知不覺中讓考古學淪為一種封閉的學科。

# 第十三章
# 口傳、神話、民族史與考古學

　　古來的傳說一向都是民眾極感興趣的話題，例如我們的祖先原本來自何方？古代是不是存在很多不為人知的奧秘？有些說法甚至都已經是近乎神話的性質了，但仍博得不少人的相信。這類情事如果是出自一般人的茶餘飯後則尚可理解，但出現在學術專業領域就要特別注意了。

　　口傳與神話都是文化性的產物。口傳通常是非正式、少根據的古代流傳故事；若是想像再往上提升一個層次，那就成為更具吸引力的「神話」，當然它的真實性就更微乎其微。口傳、神話這類產物基本上都是人群透過自我文化的消化、過濾後所再創造出來的結果，通常還會帶有某些「目的性」或「針對性」。換言之，兩者皆是人類的文化結晶，雖然帶有某種歷史意義（見後文），但多數都不是真實曾經發生過的事。

　　不過雖說如此，或許是因為口傳、神話的內容常常帶有夢幻般的吸引力，因此希望其為「真」的想法也相對影響了人的客觀態度，甚至連考古學家也無法例外。從新聞媒體有時看到研究者想藉專業來驗證其真實性，如希望發現古代傳說中的遺物或遺跡，或用某種看似科學的方法來證實其存在。無可諱言，這種研究確實較容易引發大眾的關心與興趣。

# 一、台灣的矮黑人傳說

　　台灣的民族學與考古學界都曾提到所謂的「矮黑人」傳說，前者是出自若干原住民部落中，口傳其祖先曾經在台灣山林中看過身材短小的矮黑人；後者是從考古學的角度提出一些史前證據，認同這類傳說的真實性。

　　因為原住民部落裡傳說「山林中曾經住著矮黑人」、「以前的祖先曾經目睹小黑人」等等。配合這個傳說，於是也衍生出一個說法是：台灣深山（尤其是南部）裡發現的石板屋殘跡就是過去矮黑人的住所。但這種想法很快便被考古學者否定了，因為現在於山裡看到的石板屋雖然屋頂不高，但實際上它是一種半地穴的建築，一般會露出於地表面的高度僅約為屋內真正高的一半。而且再加上石板屋廢棄後，長年被泥土堆積掩蓋。所以在林中發現時，屋頂極低，才被誤以為是小人的房子（圖13-1）。

　　近年，還有考古研究團隊針對台東小馬海蝕洞的人骨進行體質人類學的檢測，主張其為存在於台灣南島語人之前的不同人種，也被推測有可能就是原住民口中的矮黑人（Hung et al. 2022; Matsumura et al. 2021）。

圖13-1　山裡的石板屋（墾丁國家公園考古調查研究計畫）與復原示意

小馬海蝕洞是1990年初調查發掘的台灣舊石器時代遺址,當年發掘時在洞穴內發現2具人骨,其中1具以同層位的貝殼測定C14的年代結果為距今約5,000年前。因該層位的出土遺物皆為簡單的打製石器,故判定同層位出土的人骨是屬於舊石器時代之人類,他們的文化性質、生活方式和後來的新石器時代人應有明顯差異。上述這具人骨便是前述研究團隊宣稱可能是「矮黑人」的對象。

我想每個領域的研究都有值得參考的價值,且就所提出的體質人類研究成果而言,非同領域的研究者一般也很難有反駁的立場。但是不得不提醒:即使在同一領域,學者間的研究結果也常呈現彼此不同,這種例子在台灣的古代人種或原住民的來源、歸屬研究上非常多見。最近,如國際上備受矚目的諾貝爾醫學獎得主是用DNA證明尼安德塔人的血緣也有傳至現代人種,可說是一舉又推翻了過去以DNA論證尼安德塔人與現代人無關的經典說法。所以,看似非常客觀、科學的DNA證據也有隨時被推翻的可能,這是任何學術研究無法避免的基本認知。

所謂的「小黑人」、「矮黑人」的主要特徵之一無非就是身材矮小。根據該團隊研究,以該女性的大腿骨的長短度進行身長復原推測,結果算出她的原身高可能「僅」有139公分(Hung et al. 2022; Matsumura et al. 2021)。姑且不論這樣的身高是否屬舊石器當時人的區域普遍特徵?或後來的原住民是否會視這種身高為「矮人」?關鍵是這類人真的有存留至後來嗎?

現實的證據是:在新石器時代以後,目前所知台灣各地遺址在種種遺物內容上都有一定的相似性,即所認知的古老南島語文化範疇,並未發現有任何特殊或明顯不同文化性質的遺址。這就是說,如果小馬遺址的舊石器時代人骨確實為矮黑人,那麼他們也應該在

5,000年前隨著舊石器時代的結束便消失無蹤了！

　　考古學領域可以很簡單再印證這個事。要檢驗原住民口傳中的「矮黑人」是否存在，那麼最直接、最有說服力的方式不就是看看各地考古出土資料中有無矮人骨的發現？台灣考古發掘至今，出土新石器時代以來的墓葬人骨不乏數千具以上，但從未有此類矮人骨的紀錄。

　　以上是說：近代的原住民是不可能親眼見過所謂的矮黑人。那麼，唯一剩下的可能：會不會古代的祖先人們就靠著代代口語相傳的方式，將舊石器時代的矮黑人一事延續了數千年傳到近代？

　　中國有文字的歷史時代可以上推至3,000年前（甲骨文時代），比此僅更早數百年（如夏代）的故事都很難檢驗真假了。何況原住民世界並沒有文字紀錄，傳說可以流傳5,000年是很難想像的事。

　　客觀而言，一般應可接受台灣小馬海蝕洞的舊石器時代人和新石器以來的南島語人是分屬不同性質人群的結論[120]，但這完全不同於認定舊石器這具人骨就是原住民口中的矮黑人。目前，台灣有矮黑人一說完全是想像的成分大於科學證據。

## 二、傳說與神話的誤用

　　或許是基於人類內心共同的恐懼、迷惘的心靈，住在湖邊的居民常傳出有「湖怪」；雪地有雪怪；海邊漁民會有「美人魚」傳說，深山裡有「矮黑人」也就不奇怪了。

　　除了心靈層次的作用外，另如本章開頭所述，有些傳說則是

---

[120] 因為舊石器時代（冰期）和新石器時代（冰後期）的環境差別很大，兩時期的人類文化表現絕對有明顯落差，所以討論兩時代人類族群的連續性關係之意義已較低。

人群基於某些「目的性」的創造，以反映出曾發生在文化、歷史上的現象。例如流傳在中、日間有名的「徐福傳說」便是2,000多年前曾有東亞大陸多數人群移居至日本之現象的投射[121]，實際不一定真存在這麼一件徐福的事跡。換言之，即使沒有徐福，移民的事件仍然存在。同樣如中國的「大禹治水」，是反映古代曾有水災氾濫造成民生困苦的現象；或是更早的「神農嘗百草」，是反映古代農業技術的發生。總之，這是將過去有重大、影響深刻的事件化成人物故事般的情節流傳於世。

史學家（顧頡剛）曾提出一個很富啟示的發現，在中國史書古籍中存在各種傳說、神話，但很多古代故事不僅是由後人所想像描繪，有趣的是隨著年代愈晚，後人所創造出的傳說神話的時代竟然是愈古老。從這個邏輯上幾乎便可根本否定多數傳說的可信度[122]。

因為文化上有需要，所以才創造出神話傳說來具體化使其廣泛流傳。如果考古學者對這類課題有興趣，那麼應該研究的是對應於當時社會上的各種現象，而不是去窮究有無徐福、大禹、神農氏等這些人物。

極端利用考古學來證實古代的傳說、神話，有時還會引發危險的後果。這是因為考古研究的主題常涉及族群與文化的問題，所以一不小心便容易被利用來和民族主義掛鉤上關係。最為人熟知的例子不外乎第二次世界大戰時，納粹利用考古研究宣稱其祖先、種族的優越，以編造侵略的藉口。其他，把考古研究當成宣揚民族主義的操作工具，歷來還有很多不當例子。如戰前的日本，或是文革

---

[121] 在考古學的研究中，距今2,000多年前於日本出現的彌生人、彌生文化印證了這個移民的史實。
[122] 然而，我們還是不時從報章雜誌媒體上看到一些想證明古代三皇五帝的居地與事蹟等類的考古研究。

時代的中國也喊出「考古是為政治服務的」。而我國1980年代的《文資法》也提到「……發揚中華文化為宗旨。」所謂之「發揚中華文化」也令人不得不聯想至偏頗的民族主義。藉由考古的學術外衣來激化自我民族的優越性，這類傾向的研究在今天已完全被視為反面教材。

神話、傳說的種種對一般大眾而言無疑最浪漫迷人，所以能流傳久遠，若再用考古學去賦予其真實性當然也就更容易有話題了。然而，這樣終究不是一個正確的學術態度，帶來的負面後果更是不容輕忽。

## 三、民族史與土地史

將古代史連結至當代社會人群，解答民眾對自我來源的疑問是考古學者的一個重要責任。而這個工作需要提供一個正確的古代史觀為前提，緣由如下。

今日台灣多數的住民、主政者甚至考古學研究者都是近代才由大陸移入者的後代，在歷史脈絡裡的認知多屬「漢人」系統。從情感而言，若是抱持著狹隘的民族史觀點將很難認同台灣的史前史，因為「漢人」與台灣史前遺址的主人「南島語族」自不相同，所以也很難說服大眾「保存遺址」是維護自我文化資產。這種問題當然不只台灣，世界上一些國家尤其是移民社會如美國也是如此。

其實站在學術立場，上述的民族史觀是難以成立。據考古學研究，（台灣）史前可能多數不存有今日的族群現象，或是僅有模糊的概念想像。族群或民族乃是基於現實文化情境的需求而產生，在形成的過程中內含著多樣複雜的組成，這和一般所想像中的單一、純粹的性質正好相反。所以去探溯這個系統的來源，看表面略

似合理,實際卻是落入了創造者的圈套。族群、民族並非基於某天生本質,現在呈現如此,不代表過去如此,或未來也如此。換言之,族群、民族「沒有唯一的歷史」,考究其源流反而是徒勞無功。

　　值得慶幸的是考古學的本質專長就不是在談民族史,「土地史」才是主角。道理很簡單,「土地史」又可稱為「地域史」,是以空間地區作為建構歷史的基礎框架,論述所有曾經發生過於本土地上之事,凡曾在此生存活動者都會成為這部土地史的一部分。

　　考古學建構的「台灣史前史」即是來自這種觀念,利用地下發掘出土的前人遺物以復原過去,只要是曾來到這土地的人就會留下歷史,從未來過的人就進不到這部土地史。

　　過去人們在敘述歷史時往往受到民族概念的影響,所以對台灣只看到晚近漢人的歷史,忽略在此之前的非漢人史,以致才會有「台灣史400年」的偏頗說法[123]。

　　從地域史的角度出發,復原所有曾經發生於這塊土地上的事情,這才是台灣史的真諦。如果我們可以理解這個意義,那麼就不會受限於「是不是血緣祖先」的假象,而可發自真心去關心我們的遺址資產。

## 四、結論

　　口傳與神話是人類文化的結晶,但不等同於曾經發生過或存在的事實,所以學術上將這些視為與考古學不同的領域,無法用考古方法去求印證與復原。

---

[123] 台灣史應該要從史前有人的時期便開始,所以至少有 3 萬年了,「台灣史 400 年」完全是從漢人的角度所表現出的狹隘歷史觀。

民族史的觀點也摻雜不少的想像。本書前面多次提到有考古研究指出「台灣東部從史前到近代原本都有互不相屬的人群進出，但最後都成了阿美族」，這就是表示「古代有某個族群存在，然後純然地傳承至今」的想法是個迷思，事實是「古代以來陸續來到相同土地長期生活的人，他們都是現今當地族群的祖先」。瞭解上面的意思，就知道為什麼「土地史」不僅接近史實，而且才有意義。

# 後記

　　考古學的用途是什麼？又為什麼要保護考古遺址與遺物？這是我經常被問到的兩題。以下謹藉此作為本書最後結語，希望可提供有興趣的讀者一點答案與參考。

　　針對第一個問題：考古學研究人與文化的長期發展過程，這些經驗與知識可以讓我們檢討現在是不是走在一條好的道路上，未來社會又該朝著哪個方向走去。雖然現代科技非常發達，各種生活環境與條件日益完備，但是如果能調查一下現代人相對於古代人生活的幸福快樂度，我想應該不一定有更佳吧！問題可能出在哪裡？回顧近代以來的世界，工業革命啟動了物質文化的快速進化，近年的自然科技浪潮更帶來加速度的改變，生活中不斷出現有形、無形的新環境，有時還真的讓我們難以適應。

　　一個關鍵原因是人文社會科學的發展並沒有跟上這種腳步，想想世界各國是不是都非常專注自己的自然科技是否夠尖端，卻很少在意人文社會學科如何。於是人際關係、社會組織與國家制度的改革推展大幅落後，從個人到社會、國家彼此之間的爭執與衝擊不斷，人類對於未來發展方向的賭注顯然愈來愈大。

　　人類的演化是一條自己選擇的特殊道路，只能從過去經驗找參考。現在知道自然科技帶來的生活便利，並不一定可伴隨而來更適宜的生活方式。考古學對於人與文化的觀察有長遠的視野，應該可以帶領我們調整走往更好的方向。

對第二個問題：正如各種生物都是生態環境中的一部分，就算是對毒蛇猛獸也不能肆意的殘害。考古遺址或各種文化資產都是文化環境中的一環，所以也應該適度存留於我們的生活周邊。尤其今日人類是生活在自己所創造的文化環境中，例如我們住在房屋建築裡，可以不畏外界的颱風下雨；晚上仍然可以在燈火通明的環境裡工作；或使用空調改變自然的冷熱溫濕，甚至利用網路超越空間距離。現代的我們，與這種人造的文化環境的關係甚至不下於自然環境了。

保存它的理由，既非只因它是考古學者的研究材料，更不是因為可能在古董市場裡有著金錢價值。試著想想我們自己生活的周遭有沒有什麼東西，雖然完全已沒有實用功能了，但我們還總是捨不得丟棄？因為那是有原因、有意義的。它的存在平衡了自己作為一個人的精神需求，很難想像「人」如何生活在一個沒有精神、象徵，只有客觀功能性的物質環境裡。個人是如此，社會也是相同，如果某些遺址遺物對群體是有意義的，就是值得保存吧！

# 引用書目

大村平
  1983 《統計のはなし：基礎・応用・娯楽》(第38刷)。東京：日科技連出版社。

木下尚子
  1996 《南島貝文化の研究 ── 貝の道の考古学》。東京：法政大学出版局。

今西錦司、池田次郎、河合雅雄、伊谷純一郎
  1990 《人類の誕生》(第3版)。東京：河出書房新社。

石璋如
  1954 〈圓山貝塚發掘概況〉,《臺北文物》3(1)：8-13。

伊能嘉矩
  1897 〈宜蘭地方に於ける平埔蕃(kuvarawan)の土器〉,《東京人類学会雑誌》12(132)：213-221。

宋文薰
  1969 〈長濱文化 ── 台灣首次發現的先陶文化〉,《中國民族學通訊》9：1-27。
  1980 〈由考古學看臺灣〉, 刊於《中國的臺灣》；93-220頁, 陳奇祿等著, 台北：中央文物供應社。

宋文薰譯, 鹿野忠雄著
  1955 《臺灣考古學民族學概觀》。台北：台灣省文獻委員會。

宋文薰等
  1994 《跨越世紀的影像：鳥居龍藏眼中的台灣原住民》。台北：順益台灣原住民博物館。

宋文薰、連照美譯,埴原和郎著
　　1978　《人類進化學入門》。台北:黎明文化事業公司。
李光周、劉益昌、張宗培
　　1983　《鵝鑾鼻公園考古調查報告》。台北:行政院文化建設委員會。
李光周、鄭永勝、凌平彰、陳維鈞、韓旭東、陳有貝
　　1985　《墾丁國家公園考古調查報告》。屏東:內政部營建署墾丁國家公園管理處。
李坤修
　　2005　《臺東縣舊香蘭遺址搶救發掘計畫期末報告》。台東縣政府文化局委託國立台灣史前文化博物館執行。
吳佰祿
　　2012　〈原住民與外來歷史貨幣之異質性社會運用——排灣族與泰雅族之比較〉,刊於《臺灣原住民族知識與文化數位典藏研討會論文集》,蔡宜靜、劉如意執編,屏東:原住民族委員會文化園區管理局。
坪井正五郎
　　1897　〈台湾磨製小石斧〉,《東京人類学会雜誌》12(127):34。
林朝棨
　　1960　〈臺灣西南部之貝塚與其地史學意義〉,《國立臺灣大學考古人類學刊》15/16:49-94。
金関丈夫
　　1943　〈台湾先史時代に於ける北方文化の影響〉,刊於《台湾文化論叢1》:1-16頁,台北:清水書店。
陳仲玉
　　1994　《曲冰》。中央研究院歷史語言研究所田野工作報告之二。台北:中央研究院歷史語言研究所。
陳有貝
　　1997　〈日本考古學中的編年研究〉,《田野考古》5(2):23-37。
　　2003　〈從考古遺址性質談文化資產保存〉,刊於《2001台灣文化資產保存研究年會紀實:追求文化資產的真實性》:1-6頁,王惠君

編,台南:國立文化資產保存研究中心籌備處。
2016 〈台湾の巨石文化について〉,《九州考古学》91:63-84。
2020 《淇武蘭遺址考古學研究論文集》。新北:華藝數位股份有限公司學術出版部。
2022 《山林裡的南島語族:台灣原住民族群的形成論》。新北:華藝數位股份有限公司學術出版部。

陳光祖
2004 〈臺灣科技考古研究工作的回顧〉,《田野考古》8(1/2):15-44。

陳星燦
2007 《中國史前考古學史研究》。北京:社會科學文獻出版社。

許冠三
1983 〈顧頡剛的新古史學〉,《中國文化研究所學報》14:85-108。

張光直
1983 《中國青銅時代》。台北:聯經出版事業股份有限公司。
1988 《考古學專題六講》。台北:稻香出版社。
1990 《中國青銅時代(第二集)》。台北:聯經出版事業股份有限公司。
1995a 《中國考古學論文集》。台北:聯經出版事業股份有限公司。
1995b 《考古人類學隨筆》。台北:聯經出版事業股份有限公司。

張光直編
1977 《臺灣省濁水溪與大肚溪流域考古調查報告》。中央研究院歷史語言研究所專刊之七十。台北:中央研究院歷史語言研究所。

鹿野忠雄
1946 《東南亜細亜民族学先史学研究(第1卷)》。東京:矢島書房。
1952 《東南亜細亜民族学先史学研究(第2卷)》。東京:矢島書房。

康培德
2001 《十七世紀的西拉雅人生活》,刊於《平埔族群與臺灣歷史文化論文集》:1-31頁,詹素娟、潘英海主編,台北:中央研究院台灣史研究所籌備處。

連照美
1979 〈台灣的有槽石棒〉,《大陸雜誌》58(4): 164-178。

黃士強
1993 〈遺址的搶救發掘工作〉,《中國民族學通訊》29: 34。

廣東省博物館等
1978 〈廣東曲江石峽墓葬發掘簡報〉,《文物》1978(7): 1-15。

臧振華、李匡悌、朱正宜
2006 《先民履跡——南科考古發現專輯》。台南:台南縣政府文化局。

劉斌雄
1963 〈台北八里坌史前遺址之發掘〉,《台北文獻》3: 52-64。

Hung, Hsiao-Chun, Hirofumi Matsumura, Lan Cuong Nguyen, Tsunehiko Hanihara, Shih-Chiang Huang and Mike T. Carson
    2022 Negritos in Taiwan and the Wider Prehistory of Southeast Asia: New Discovery from the Xiaoma Caves. *World Archaeology* 54(2): 207-228.

Li, Kuang-Chou
    1981 K'en-Ting: An Archaeological Natural Laboratory Near Southern Tip of Taiwan. Ph.D. dissertation, Department of Anthropology, State University of New York at Binghamton.

Matsumura, Hirofumi, Guangmao Xie, Lan Cuong Nguyen, Tsunehiko Hanihara, Zhen Li, Khanh Trung Kien Nguyen, Xuan Tinh Ho, Thi Nga Nguyen, Shih-Chiang Huang and Hsiao-Chun Hung
    2021 Female Craniometrics Support the "Two-Layer Model" of Human Dispersal in Eastern Eurasia. *Scientific Reports* 11(1): 20830.

國家圖書館出版品預行編目（CIP）資料

考古學概論 = Introduction to archaeology /
陳有貝著. -- 新北市 : 華藝數位股份有限公司
學術出版部出版 : 華藝數位股份有限公司發行,
2025.04
　面 ；　公分
ISBN 978-986-437-218-8(平裝)
1.CST: 考古學

790　　　　　　　　　　　　　114004085

# 考古學概論

| 作　　　者 ／ 陳有貝 |
| 責任編輯 ／ 蔡旻真 |
| 封面設計 ／ 張大業 |
| 版面編排 ／ 詹智堯 |

發　行　人 ／ 常效宇
總　編　輯 ／ 張慧銖
業　　　務 ／ 蕭杰如
出　　　版 ／ 華藝數位股份有限公司　學術出版部（Ainosco Press）
　　　　　　　地　　址：234 新北市永和區成功路一段 80 號 18 樓
　　　　　　　電　　話：(02)2926-6006　傳真：(02)2923-5151
　　　　　　　服務信箱：press@airiti.com
發　　　行 ／ 華藝數位股份有限公司
　　　　　　　戶名（郵政／銀行）：華藝數位股份有限公司
　　　　　　　郵政劃撥帳號：50027465
　　　　　　　銀行匯款帳號：0174440019696（玉山商業銀行 埔墘分行）
法律顧問 ／ 立暘法律事務所　歐宇倫律師

　　ISBN ／ 978-986-437-218-8
　　　DOI ／ 10.978.986437/2188
出版日期 ／ 2025 年 5 月
定　　　價 ／ 新台幣 540 元

版權所有・翻印必究
（如有缺頁或破損，請寄回本社更換，謝謝）